JEUX ET OCCUPATIONS

POUR LES PETITS

Jeux et Occupations pour les Petits

GUIDE DES MÈRES ET DES INSTITUTRICES

PAR

MLLE S. BRÉS

INSPECTRICE GÉNÉRALE DES ÉCOLES MATERNELLES

AVEC LE CONCOURS D'UN GROUPE D'INSTITUTRICES

CINQUIÈME ÉDITION REVUE ET CORRIGÉE

PARIS

LIBRAIRIE CLASSIQUE FERNAND NATHAN

16, RUE DES FOSSÉS-SAINT-JACQUES, 16

(Place du Panthéon, V^e)

1915

OUVRAGES A L'USAGE DES PETITS

A LA MÊME LIBRAIRIE

(Envoi franco contre timbres et mandats)

Mmes Kergomard et Brés.	L'enfant de 2 à 6 ans, 1 vol. in-8, broché	2 75
S. Brés et L. Blareau	Pour faire chanter nos petits (*Fascicule annuel de 12 chants illustrés*).	0 75
Mlle S. Brés.	Vers et Prose pour les petits, 1 vol. in-8°, cartonné	0 80
A. Pierre, A. Minet & Mlle A. Martin.	Méthode de lecture et récits enfantins :	
	1er *livret*, 1 vol. in-8, cartonné.	0 30
	2e *livret*, 1 vol. in-8, cartonné.	0 50
— — —	Nos petits amis, 1 vol. in-12, cartonné.	0 60
Belot et Jarach	Petit boulier numérique et métrique, petit appareil individuel.	0 60
	Franco par la poste.	0 70
— —	Rapido-Lecture Picard, petit appareil individuel.	0 70
Octave Isoré	Les chants du premier âge (74 *chœurs à une voix*), 1 vol. in-4°, cartonné.	2 50
Octave Aubert	Le livre rose et bleu (*Poésies de l'école et du foyer*), 1 vol. in-12, broché.	3 »
Mlle M. Kœnig	Récits d'histoire de France pour les petits, 1 vol. in-8.	0 80
—	Récits de géographie pour les petits, 1 vol. in-8.	0 80
—	Simples récits sur les sciences pour les petits (*Aimons les champs*), 1 vol. in-8.	0 80

Collection in-4°, broché, 2 fr. ; relié, 2 fr. 50

Mme Delannoy	Mouvements et évolutions pour les petits.
Mmes Carr et Siquot	36 danses chantées et mimées pour nos petits.
Mmes Delannoy et Girardot.	Pour faire jouer nos petits.
Mme Girardot	Théâtre et marionnettes pour les petits.
F. Garcin	Pour faire dessiner nos petits.
Mlle Capus	Pour charmer nos petits.
Garcin et Lorent	Pour faire modeler nos petits.

Ardoise blanche **FN** (sur laquelle on écrit avec le crayon), 15×23 .... 1 60

L'Éducation Enfantine. Journal d'initiation maternelle, paraissant tous les 20 jours. Abonnements, **4 fr.**, **4 fr. 50** pour l'Union postale.

AVANT-PROPOS

L'heure de la première classe doit en général sonner tôt pour l'enfant, soit que le petit être se fatiguant par excès de mouvements, sa mère désire mettre dans ses journées un moment de calme relatif et comme une halte au milieu du jeu, soit qu'il se lasse d'une continuelle liberté d'action et qu'on veuille le soustraire aux fâcheux conseils de la satiété et de l'ennui.

Mais il est essentiel de ne pas dépayser trop un enfant et de le maintenir au contraire le plus possible dans son milieu ordinaire et dans les circonstances familières dont il doit apprendre à tirer peu à peu le meilleur parti pour lui et pour autrui.

La classe même doit donc laisser le petit enfant parmi ses jeux et ses jouets ; mais, qu'elle fasse de ceux-ci le point de départ d'une série d'exercices méthodiques où les qualités propres du jeu sont conservées, surtout son heureux mélange d'activité physique et d'activité intellectuelle.

Or, par le fait seul que ces *exercices* sont *réglés* et *réguliers*, un élément éducatif se glisse dans le jeu, en sorte que les facultés naissantes de l'enfant sont soumises à une *bienfaisante discipline ;* faut-il davantage ? et tout le but de cette première éducation n'est-il pas de commencer à donner de bonnes habitudes de pensée, de parole, d'action ?

C'est, comme on le voit, très simple et pourtant aucun enseignement ne demande, dans la pratique, plus d'ingéniosité, de prudence et de prévoyance ; de l'ingéniosité, pour cultiver les facultés les plus diverses : l'attention, la persévérance, l'activité, la volonté, etc. ; de la prudence, pour n'exiger de l'enfant aucun effort au-dessus de sa portée, ne lui imposer aucune tâche qui le décourage ou le rebute ; de la prévoyance, enfin, puisque, en raison de la ténacité des premières habitudes, dans l'enfant on prépare l'homme.

A titre d'indication dans cette voie, et avec le concours de mères et d'institutrices expérimentées, nous avons repris ici un à un plusieurs jeux et jouets ordinaires[1], en proposant au fur et à mesure un grand nombre d'occupations propres à amuser et à intéresser les enfants tout en leur faisant acquérir et de l'adresse, et quelques habitudes qui les préparent aux travaux

[1]. Il en existe plusieurs autres dont on pourrait également tirer un excellent parti éducatif : ce sont en particulier tous ceux que l'on nomme « les joujoux », poupées, ménages, trains, chariots, qui, judicieusement et méthodiquement employés à l'imitation de la vie usuelle, seraient l'occasion de mille jeux et enseignements. Voir : L'ENFANT DE 2 A 6 ANS et POUR FAIRE JOUER NOS PETITS.

plus sérieux de l'avenir. Nous avons, en outre, puisé à toutes sources, ne négligeant pas plus les exercices dès longtemps connus que ceux inventés et proposés au jour le jour dans les périodiques français et étrangers; notre seule et unique règle a été de ne retenir que les plus pratiques, puis nous les avons groupés dans un ordre aussi rationnel que possible.

Le volume que voici est donc surtout une œuvre de compilation et de classement méthodique.

Tous les exercices[1] réunis ici sous dix rubriques ont à la fois une utilité générale d'éducation et un ou plusieurs buts spéciaux, c'est-à-dire qu'ils tendent au développement de certaines facultés en particulier. C'est ce que nous allons exposer en quelques mots.

1. Jeux de balles. — Les balles, tout en satisfaisant ou stimulant l'*activité* de l'enfant, ont pour but de lui enseigner à *discipliner ses mouvements*. En outre, étant en général colorées, elles servent à l'*étude des couleurs*.

2. Enfilage des perles. — L'enfilage des perles, qui procure à l'enfant le plaisir très vif et très sain de voir son travail produire un résultat durable, exige un véritable effort d'*attention* et d'*adresse* pour que le trou de la perle se rencontre avec le fil; de plus, les perles ont la même utilité que les balles au point de vue des *couleurs*.

3. Constructions et carrelage. — Les travaux en briques, cubes et planchettes sont l'occasion de la première étude expérimentale des lois de l'équilibre et de la symétrie, ce qui suppose beaucoup de *patience* et met en jeu la persévérance et les facultés d'*attention* et de *comparaison*.

4. Modelage. — Manier la terre glaise pour lui faire reproduire une forme qu'on a sous les yeux ou dans la mémoire, quelle tâche intéressante pour l'œil, la main, — et l'intelligence qui les guide! et combien tous les enfants s'y appliquent spontanément, ainsi que le prouve leur penchant à pétrir toute terre humide!

1. Pour indiquer la place à faire à ces exercices, nous ne saurions mieux faire que de rappeler le programme du 18 janvier 1887, qui régit actuellement l'école maternelle, et le commentaire qu'en a fait une éducatrice autorisée s'il en fut. Le programme comprend *par ordre d'importance :*
    1° Des jeux, des mouvements gradués accompagnés de chant ;
    2° Des exercices manuels ;
    3° Les premiers éléments d'éducation morale ;
    4° Les connaissances usuelles ;
    5° Des exercices de langage, des récits, des contes ;
    6° Les premiers éléments du dessin, de la lecture, de l'écriture et du chant.
    En comparant ce décret de janvier 1887 avec celui du 12 août 1881, des modifications de la plus haute importance sautent d'abord aux yeux :
    Le développement physique étant la base de l'éducation, le programme débute par les exercices physiques placés à la fin du programme du 12 août ; l'enfant exerce d'abord ses jambes, ses bras, sa voix, ses sens, par les jeux, les mouvements gradués, les chants ; il devient adroit de ses mains et développe son goût par les exercices manuels. (Monographies pédagogiques. *Les Écoles maternelles*, par M° Kergomard.)

5. Dessin. — L'utilité du dessin n'est pas à démontrer, non plus que son attrait pour les enfants, et l'école maternelle le leur présente sous les formes les plus variées comme un complément d'illustration de tous les autres exercices : dessins absolument libres, dessins dont le sujet est suggéré, dessins décoratifs, etc. — Le matériel est également très divers : papier jalonné ou non, crayons ou craies multicolores, enfin pour silhouettes et motifs d'ornements, emploi de bâtonnets, anneaux, graines, coquillages, feuilles, cailloux, etc.

6. Piquage et broderie. — Le piquage et la broderie sont l'*initiation à la couture*, initiation opportune, non seulement pour les fillettes, mais aussi pour les garçonnets. En outre, ces travaux offrent l'occasion de *leçons de goût* à propos des alliances de couleurs.

7. 8. 9. Tressage. Tissage. Pliage. — Le matériel ordinaire de ces travaux, le papier, fait par sa fragilité continuellement appel aux soins, à l'*adresse*, à la *prudence* et au *bon jugement*, car, si la première manipulation est maladroite ou inconsidérée, le papier n'en supporte guère une seconde, et dans tous les cas il garde des traces indélébiles de la précédente. — Même observation que ci-dessus en ce qui concerne l'éducation du goût.

10. Découpage. — La *sûreté de la main* et du *coup d'œil* est ici plus nécessaire que jamais, puisque d'aucune façon l'erreur d'un morceau découpé ne saurait être réparée.______________

Il va sans dire que nous ne prétendons nullement avoir épuisé le nombre des travaux qui conviennent aux enfants, pas plus dans les 1.200 gravures qui composent cet album que dans les autres travaux dont nous suggérons l'idée. Bien loin de là ! — et cependant nous nous rendons parfaitement compte qu'on exécutera guère *tout* ce que nous indiquons. C'est un idéal auquel il sera rare d'atteindre avec l'outillage ordinaire et les exigences de science livresque de plus en plus précoce.

Mais, souhaitant que toutes les institutrices se prennent d'un sérieux intérêt pour quelques exercices au moins, nous avons voulu que chacune eût la chance de rencontrer ce qui répondrait le mieux à ses goûts et à ceux de son entourage.

En même temps — ce qui n'est point une contradiction — nous espérons que, grâce à leur inépuisable ingéniosité, bien des mamans et des institutrices, prenant pour point de départ les travaux que nous recommandons, en inventeront de nouveaux d'autant plus attrayants et exécutables qu'ils leur seront plus personnels. Ne réussit-on pas toujours mieux son œuvre que celle d'autrui ?

Et, si ce volume devient à la fois un initiateur et un guide qui provoque d'incessants efforts pour rendre le temps de l'enfance plus doux et plus profitable, il aura réalisé toute notre ambition.

RÈGLES GÉNÉRALES

1° Tout exercice doit au début être très simple et aller du facile au difficile en se compliquant peu à peu suivant le développement de l'élève.

2° Tout exercice doit atteindre un certain degré de perfection avant d'être remplacé par un autre.

3° Tout exercice doit être conduit de façon à provoquer toute l'intensité d'attention dont l'enfant est capable ; il doit avoir une durée variable qui ne dépasse jamais la force d'attention de la moyenne des élèves.

4° Tout exercice doit être combiné en vue d'un résultat éducatif nettement défini et tendre non seulement au développement général, mais au développement de facultés déterminées.

5° Les exercices seront très variés pour exercer tour à tour les diverses facultés.

NOTA IMPORTANT. — Une table quelconque, mais absolument horizontale, est la seule pratique pour l'usage du matériel des écoles maternelles. Toute inclinaison fait rouler les objets très mobiles (balles, perles, etc.), compromet la solidité des constructions et, **nuisible à** un grand nombre d'exercices, **elle n'est utile pour aucun.**

JEUX DE BALLES

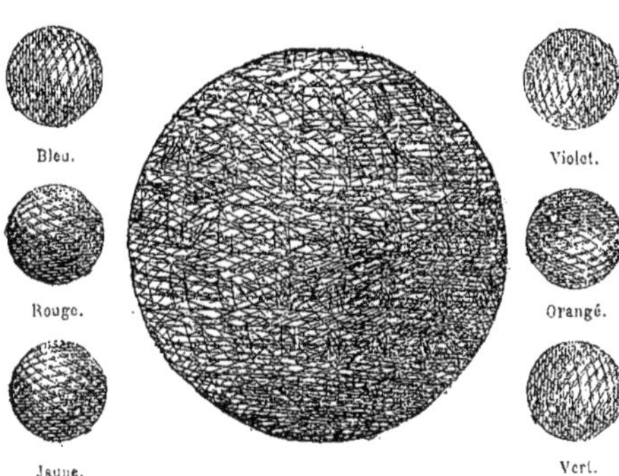

LA BALLE

Le premier emprunt à faire aux jouets, c'est la **Balle.** Dépourvue d'aspérités et résistante sans dureté, elle est tout à fait *inoffensive;* légère à manier et sensible à la moindre impulsion, elle est extrêmement *mobile;* en outre, les *couleurs* dont on la revêt frappent et fixent l'attention de l'enfant.

Sa coloration la rend donc propre à contribuer à l'éducation de la vue, tandis que sa mobilité et son innocuité la désignent pour les exercices d'adresse les plus variés; si bien que certains de ces exercices conviennent aux bambins les plus inhabiles, tandis que d'autres ne sont guère accessibles qu'aux adolescents les plus adroits.

En somme, on pourrait dire que la balle est *un jouet actif* par excellence, car sa mobilité sollicite à tous moments l'activité enfantine; aussi aura-t-elle à ce titre un des principaux rôles dans la première éducation.

Les exercices auxquels elle donne lieu se répartissent en trois groupes, selon leurs buts spéciaux, qui sont :

1° *Faire distinguer les couleurs;*
2° *Donner la notion des positions relatives;*
3° *Discipliner les mouvements, stimuler l'activité et développer l'adresse.*

Ce dernier groupe est de beaucoup le plus important; aussi devrait-il trouver une large place dans l'emploi du temps de toutes les sections, non seulement à l'école maternelle, mais encore à l'école primaire : le développement de l'adresse est presque illimité, et il faut que la gymnastique du corps alterne avec celle de l'esprit dont elle repose, sans cesser d'être aussi une discipline intellectuelle, car le moindre mouvement volontaire est régi par les facultés supérieures : jugement, attention, énergie, etc.

La balle à jeter peut être d'une matière quelconque, pourvu qu'elle reste légère et pourtant résistante. Aussi du papier froissé en le roulant dans la paume de la main ou un petit sac rempli d'effilures, de crin végétal, de mousse, de balle d'avoine, etc., font-ils des jouets excellents.

Balles diverses. — Pour faire très rond, on peut préparer une sorte de
petit tuyau, soit par le tricot sans aiguilles, sur un bouchon ou tout autre
objet de même genre, soit en tricotant une jarretière d'une dizaine de
centimètres de long sur cinq de large ; on réunit la fin du tricot avec son
début, ce qui forme aussi un petit manchon ; puis on passe une ficelle en
haut, une autre en bas, et l'on serre fortement d'un côté, puis de l'autre,
après avoir bourré l'intérieur de l'une des matières ci-dessus nommées.

Balle boule de neige. — En procédant comme il est indiqué pour les boules
de neige page   146, on obtient des balles très jolies et suffisamment solides
pourvu qu'on   y emploie un grand nombre de corolles, 30 à 40 environ.

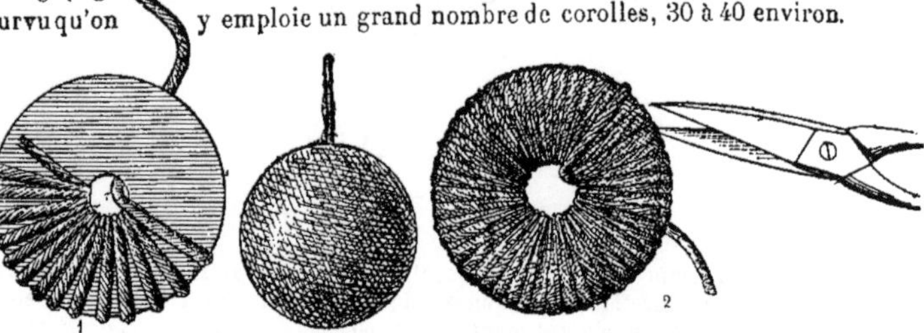

Balle pompon en coton, rafia, etc. — Tailler deux rondelles de carton, les
percer ensemble d'un petit trou au centre duquel on passe le fil, comme au
n° 1, jusqu'à ce que les rondelles soient tout à fait recouvertes (n° 2) ; puis
on coupe sur les bords tout autour en sorte que les brins se redressent et se
hérissent en boule des deux côtés ; on glisse entre les deux rondelles une
ficelle que l'on lie fortement pour retenir les brins par le milieu ; ceci bien
fait, on déchire la rondelle et la balle est terminée.

Jusqu'ici on a surtout employé la laine, mais cela fait un travail assez
coûteux. Le rafia est préférable comme meilleur marché et plus lavable, et il
se trouve maintenant dans toutes les couleurs du prisme.

Les balles qui devront servir à l'étude des couleurs seront d'une *seule
nuance* bien franche.

I

DISTINCTION DES COULEURS

La couleur sans la nommer.

La maîtresse ne prononce le nom d'aucune couleur ; elle montre celle dont il s'agit en élevant la
balle sous les yeux des enfants et elle dit : Montrez une balle comme la mienne. . Cherchez une
balle d'une autre couleur que celle-ci..., etc.

Matériel. — Pour chaque enfant, une boîte contenant six balles aux couleurs du
prisme : violet, bleu, vert, jaune, orangé, rouge.

1° Prendre la balle de la couleur montrée par la maîtresse (*faire cet exercice successivement pour les six couleurs*);

2° Exercice contraire : Ne montrer que des balles différentes de celle de la maîtresse;

3° Choisir deux balles aux couleurs montrées par l'institutrice. Celle-ci aura soin de faire rapprocher des balles aussi dissemblables que possible, ainsi :

Jaune et *bleu.*	*Bleu* et *orangé.*
Bleu et *rouge.*	*Orangé* et *vert.*
Rouge et *vert.*	*Jaune* et *violet.*
Jaune et *vert.*	*Vert* et *violet,* etc.

4° Alignement de balles à l'exemple de la maîtresse, d'abord deux par deux, puis par trois, en triangle ou en lignes, soit :

Bleu, jaune, rouge et *l'inverse.*	*Vert, jaune, rouge* et *l'inverse.*
Jaune, bleu, rouge et *l'inverse.*	*Jaune, vert, rouge* et *l'inverse.*
Jaune, rouge, bleu et *l'inverse.*	*Jaune, rouge, vert* et *l'inverse.*
Vert, orangé, violet et *l'inverse.*	*Rouge, orangé, vert* et *l'inverse.*
Orangé, violet, vert et *l'inverse.*	*Rouge, vert, orangé* et *l'inverse.*
Orangé, vert, violet et *l'inverse.*	*Orangé, rouge, vert* et *l'inverse.*

Il y a, comme on voit, un grand nombre de combinaisons des six couleurs par trois, il y en a naturellement bien plus encore par quatre. Voici simplement quelques-uns des alignements des trois couleurs primitives, plus le vert :

Vert, bleu, rouge, jaune et *l'inverse.*
Jaune, bleu, rouge, vert et *l'inverse.*
Bleu, vert, rouge, jaune et *l'inverse.*
Bleu, jaune, vert, rouge et *l'inverse.*
Vert, bleu, jaune, rouge et *l'inverse.*
Bleu, vert, jaune, rouge et *l'inverse.*
Rouge, jaune, bleu, vert et *l'inverse.*

Tous les groupes de quatre couleurs se prêteraient naturellement aux mêmes variétés de combinaisons que les couleurs précédentes : vert, bleu, rouge, jaune, et à des dispositions autres que la ligne : ainsi le carré, le losange, etc.; cinq fournit davantage, et six est plus touffu que les nombres précédents, puisque la variété des groupements augmente avec le nombre des objets.

Il est donc possible, facile même, d'occuper longtemps les enfants avec la boîte de balles **tout** en laissant complètement de côté le *nom* de la couleur pour en faire d'abord bien acquérir la *notion*, ce qui est tout différent.

La multiplicité de ces petits exercices s'augmente encore de tous les classements par couleur et par teinte que l'on peut faire avec des échantillons : bouts de laine, rafia, confettis, papiers, pailles teintes, fleurs... bref tous les objets de couleur, même des timbres-poste oblitérés.

La couleur et son nom.

Même matériel, même progression et mêmes exercices que précédemment avec balles ou autre matériel, seulement l'enfant travaille d'après les indications et injonctions de la maîtresse, et non plus à son exemple.

La Maitresse dit : Voici une balle qui est appelée *bleue;* toutes celles qui lui ressembleront portent le même nom : balle bleue, etc.

Toutes les couleurs de la boîte ayant ainsi été baptisées, on emploiera leur nom pour commander les divers exercices, soit que la maîtresse *commande* les diverses combinaisons qui, dans les exercices précédents, ont été *montrées,* soit qu'elle dise par exemple :

Alignez les balles dans l'ordre que je vais dire :

Bleu, jaune, violet, orangé, vert, rouge.

Dites dans quel ordre j'ai moi-même disposé mes balles.

(Rouge, jaune, orangé, violet, vert.)

Dites laquelle de ces balles je touche.

Dites dans quel ordre tel enfant a aligné ses balles.

Dites la couleur de la balle que je fais rouler. Celle des balles que je jette en l'air.

Regardez la balle que je montre, puis fermez les yeux, et nommez-la quand j'aurai compté jusqu'à 3.

Regardez où je place cette balle bleue, et cette rouge ; les voilà couvertes chacune d'un papier ; où est la rouge ? où est la bleue ? etc., etc.

II

NOTIONS DES POSITIONS RELATIVES

Les exercices précédents peuvent être alternés et combinés avec l'étude pratique de la valeur de certains adverbes : *dans, hors, sur, sous, contre, devant, derrière, à côté, au milieu, autour, au delà, entre, près, loin, au-dessus,* etc., qui sont d'un emploi si fréquent et si souvent mal compris des enfants.

Il est donc fort utile de provoquer, afin de le rendre aisé, l'effort intellectuel et matériel nécessaire pour saisir et suivre de plus en plus rapidement des indications comme celles-ci :

Posez une balle *dans* la boîte.

 — — *sur* la table.

 — — *sous* le tablier.

 — — *derrière* la boîte.

 — — *dans* la main.

 — — *contre* la boîte, etc., etc.

Ou bien encore : Posez la balle bleue *à côté de* la rouge.

Bleu   Rouge

Posez la balle bleue *entre* la rouge et la jaune. — Mettez la balle jaune entre les deux autres en déplaçant une seule balle (ex. difficile).

Rouge.   Bleu.   Jaune.

Posez la balle jaune et la balle verte *côte à côte*.
Posez la balle violette *près* de la jaune et la balle bleue *loin* des deux autres.

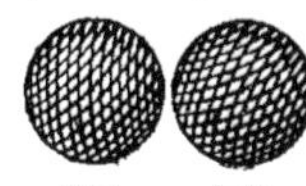

Violet.   Jaune.   Bleu.

Ou bien encore :
Étant donné les balles en ligne :

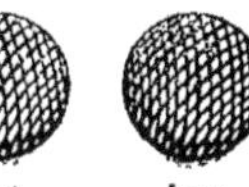

Violet.   Bleu.   Vert.   Jaune.   Orangé.   Rouge.

Dites : *Entre* quelles balles se trouve la balle verte ? la balle orangée ? la balle bleue ? etc.
Dites : *Près* de quelle balle se trouve la balle rouge ? la balle violette ?
Dites : Quelle est la balle la plus *loin* de la rouge ? de la jaune ? de la verte ?
Dites : Quelles sont les balles le plus *près* de la verte ? de la jaune ? etc.
Ou bien : Etant donné une ligne à la craie sur la table :
Posez une balle *au milieu* de cette ligne.
Posez toutes les balles *sur* cette ligne.
Posez les balles *au delà* de cette ligne.
Etant donné des points marqués sur la table :
Posez les balles *sur* ces points.
—   —   *entre* ces points.
—   —   *devant* ces points.
—   —   *derrière* ces points.
—   —   *près* de ces points.
—   —   *autour* d'un de ces points.
Etant donné un cercle tracé :
Posez la balle rouge *au milieu* du cercle, toutes les autres *hors* du cercle. Rangez-les *dans* le cercle, *autour* de la balle rouge, etc., etc.

Observation générale. — Ces exercices seront exécutés tantôt avec la main droite, tantôt avec la gauche pour assouplir également celle-ci et lui donner une certaine assurance. Dans les deux cas, on exigera une absolue précision.

III

DISCIPLINE DES MOUVEMENTS

EXERCICES MÉTHODIQUES

Observations générales. — Les balles ici peuvent être d'un genre et d'une couleur quelconques, tantôt suspendues à une ficelle, tantôt libres. Cependant il y a avantage à ce qu'étant destinées aux exercices ou jeux d'adresse et par conséquent fort sujettes à se salir, elles soient de préférence en rafia non teint afin de pouvoir être souvent lessivées.

PREMIÈRE SÉRIE

BALLE CAPTIVE

1° *Matériel :* Pour chaque enfant, une balle suspendue à une ficelle de 15 à 20 c.

Dispositions : Les enfants sont debout ou assis dans une position aisée.

Évolutions : L'enfant suit de tous points l'exemple de la maîtresse qui, au lieu de décrire les mouvements, les exécute en disant simplement : Faites comme moi (mouvements lents et sobres avec allusions aux choses vues : balancier de l'horloge, roue en mouvement, etc.).

Balancement de long en large; — *Balancement d'avant en arrière;* — *Tournoiement horizontal;* — *Tournoiement vertical;*

Choc contre un objet immobile; — *Choc entre deux balles* (*difficile, mais très amusant*), etc.

2° *Même matériel* et mêmes exercices exécutés sur l'ordre de la maîtresse, *sans sa participation.*

Ces exercices, pour lesquels la balle est suspendue à un fil, sont les derniers d'une longue série non méthodique, qui presque toujours constitue les premiers jeux du petit enfant avec la balle; ainsi, lorsque celle-ci représente un véhicule qu'il traîne, un animal qu'il conduit par la bride, une cloche qu'il fait tinter, etc.

Nous ne rappelons donc que pour mémoire la balle captive et les quelques jeux qui, sans être nouveaux, seront proposés avec avantage, si on les fait exécuter avec beaucoup d'ensemble.

DEUXIÈME SÉRIE

BALLE LIBRE

JEUX INDIVIDUELS

Matériel. Une balle au moins par enfant, souvent deux.

Dispositions : Enfants assis devant leurs tables, les bras modérément rapprochés du corps et les mains sur la table, les paumes en l'air.

Évolutions : Mouvements rythmés soit par un chant approprié, soit par la répétition cadencée de certains mots sur quelques notes, par exemple les nombres eux-mêmes : ou

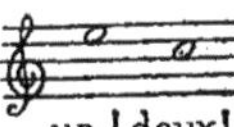

Cette indication est moins sèche que le simple commandement, et, tout en réglant aussi bien la mesure, le chant suppose de l'aisance et de la grâce dans les gestes.

1.

VA-ET-VIENT A DEUX TEMPS : 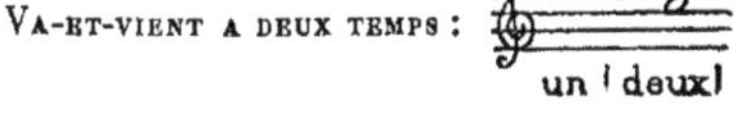

A. — *Un :* La balle élevée par la main droite frappe l'épaule.
Deux : Retour à la première position.

B. — Même exercice avec la main gauche.

C. — Même exercice avec deux balles, une dans chaque main, simultanément élevées à l'épaule.

D. — Même exercice en alternant le mouvement de la main gauche et celui de la main droite.

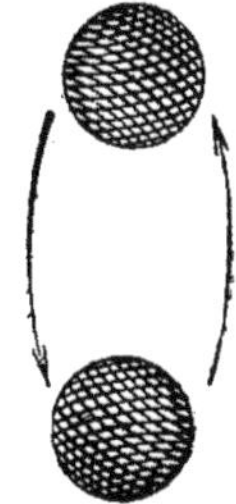

2.

A. — *Un :* La balle tenue par la main droite à la hauteur de l'épaule descend vers la table et la frappe.
Deux : Retour à la première position.

B. — Même exercice avec la main gauche.

C. — Même exercice une balle dans chaque main, simultanément heurtées à la table.

D. — Même exercice en alternant le mouvement de la main gauche et celui de la droite.

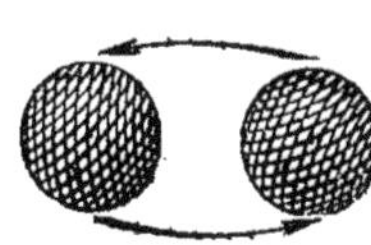

3.

A. — *Un :* La balle transportée par la main droite frappe dans la paume de la main gauche.
Deux : Retour de la main droite à sa première position avec la balle.

B. — Même exercice la balle tenue par la main gauche.

C. — Deux balles : les mains tenant chacune une balle se rencontrent et se heurtent à mi-chemin.

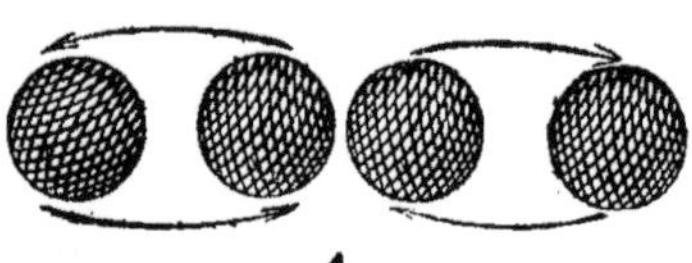

4.

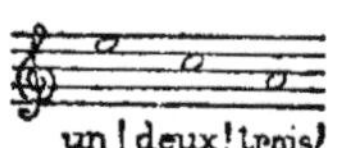

A. — *Un :* La balle tenue dans la main droite frappe un coup sur la table devant l'enfant.

Deux : Elle frappe un second coup dans la paume de la main gauche.

Trois : Retour à la première position.

B. — Même exercice avec la main gauche.

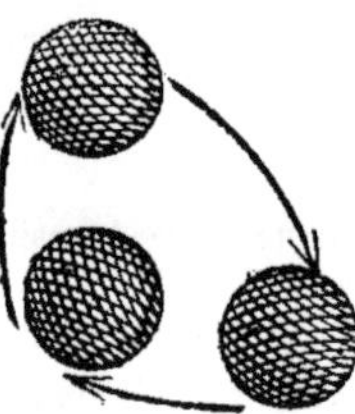

C. — Deux balles. *Un :* Chaque main tenant une balle la frappe devant l'enfant.

Deux : Choc des balles au-dessus de la table.

Trois : Retour à la première position.

A'B'C'. — Mêmes exercices en multipliant plus ou moins le nombre des coups frappés sur la table.

5.

A. — *Un :* La balle tenue dans la main droite est élevée à la hauteur du visage.

Deux : La balle descend dans la paume de la main gauche et la frappe sans quitter la main droite.

Trois : Retour à la première position.

B. — Même exercice la balle tenue par la main gauche.

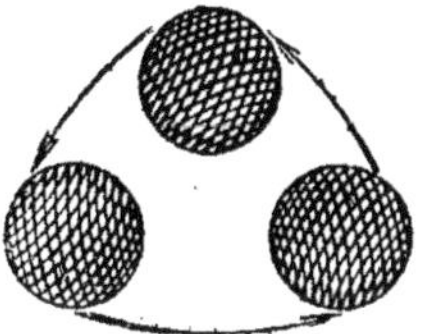

C. — Deux balles. *Un :* Chaque main élève sa balle à la hauteur du visage.
Deux : Choc des balles l'une contre l'autre.
Trois : Retour à la première position.

6.

A. — *Un :* La balle tenue dans la main droite est élevée à bras tendu au-dessus de la tête.
Deux : Descente dans la main gauche sans lâcher la balle.
Trois : Retour à la première position.

B. — Même exercice la balle tenue par la main gauche.

C. — Deux balles. *Un :* Chaque main tenant une balle s'élève verticalement à bras tendus.
Deux : Choc des balles au-dessus de la tête.
Trois : Retour à la première position.

7. 8. 9.

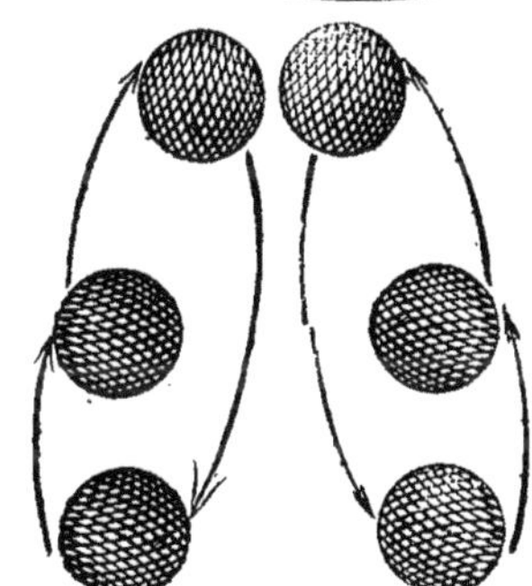

En réunissant les mouvements A et B des n°s 4, 5, 6 (va-et-vient à trois temps), on forme de nouveaux exercices, où la balle passe alternativement d'une main à l'autre, soit *trois* nouveaux exercices rythmés comme aux modèles, mais compliqués par le fait que la balle change de mains.
Un : Élévation de la balle avec une main.
Deux : Dépôt de la balle dans l'autre main.
Trois : Retour de la main déplacée à son point de départ.

Mouvements divers.

10.

Un : Les deux mains étant fort rapprochées, la droite se soulève et s'incline un peu pour laisser glisser la balle dans l'autre.

Deux : La main gauche fait de même pour verser la balle dans la main droite.

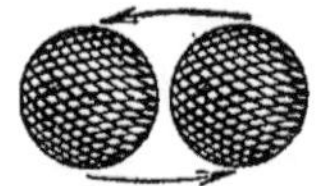

11.

Un : La main droite se place perpendiculairement un peu au-dessus de la gauche.
Deux : Elle laisse tomber la balle dans la main gauche.
Trois : Elle revient à son point de départ.
Même série de mouvements avec la main gauche.

12.

Les deux bras reposent sur la table, les mains sur leur tranchant, l'une d'elles tenant une balle.

Un : D'un coup léger la main droite envoie la balle rouler vers la main gauche.

Deux : La main gauche retourne la balle roulante à la main droite.

La progression pour ces deux derniers exercices 11 et 12 consistera dans une augmentation graduelle de la distance et de la vitesse.

13.

Les deux mains se touchent pour former comme une corbeille où repose la balle.

Un : La balle est lancée à une petite hauteur et ressaisie au retour dans les mains réunies.

14.

A. — La main droite repose sur la table, la paume en l'air, contenant une balle.
Un : La balle est jetée et ressaisie par la main droite seule.

B. — Même exercice de la main gauche.

C. — Réunion des deux mouvements en un seul exercice au moyen de deux balles.

Un : Jeu de la main droite.

Deux : Jeu de la main gauche.

D. — Même exercice avec deux balles et jet simultané des deux mains.

Un : Les deux balles sont jetées à la fois et chacune ressaisie par la main qui l'a jetée.

Cet exercice est très difficile en raison du double effort d'attention et d'adresse qui est nécessaire pour bien lancer à la fois les balles et pour les ressaisir exactement l'une et l'autre. Aussi ne faudra-t-il le proposer qu'à des enfants dès longtemps exercés.

15.

Les deux mains reposent sur la table les paumes en l'air, l'une tenant une balle.

Un : La balle est lancée en l'air par la main droite et rattrapée par la main gauche.

Deux : La balle est lancée en l'air par la main gauche et rattrapée par la droite.

16.

Réunion du n° 14 avec le n° 15.

Un : La balle est projetée verticalement et rattrapée par la main droite.

Deux : La balle est projetée par la main droite et rattrapée par la main gauche.

Trois : La balle est projetée verticalement par la main gauche qui la rattrape au retour.

Quatre : La balle est projetée par la main gauche et rattrapée par la droite.

Plusieurs exercices peuvent ainsi être combinés entre eux et donner naissance à de nouvelles évolutions un peu plus difficiles, comme cela convient pour le développement continu des facultés enfantines.

OBSERVATIONS GÉNÉRALES

Tous ces exercices doivent arriver à un parfait ensemble et à une grande précision, sans brusquerie comme sans hésitation, ni rien non plus qui rappelle les évolutions militaires ; l'enfant ne doit pas perdre sa grâce naturelle et ses mouvements doivent rester élégants et souples, tout en devenant exacts et sûrs.

Pour obtenir ce résultat, on répétera souvent le même exercice, à divers moments de la journée, en l'interrompant dès le moindre symptôme d'inattention, partant de lassitude.

Règle absolue : Dès que l'entrain manque, ou chez la maîtresse ou chez les élèves, il faut changer d'occupation, l'entrain et la gaieté étant les meilleurs éléments du succès.

EXERCICES RÉCRÉATIFS

JEUX INDIVIDUELS

JET EN PROFONDEUR

Matériel : Une boîte de balles par enfant.

1. Faire rouler les balles au delà d'une ligne à la craie tracée à travers le plancher d'une chambre.

2. Jeter successivement toutes les balles dans une petite corbeille posée à peu de distance par terre.

3. Jeter de même toutes les balles, mais en reculant chaque fois d'un pas en arrière pour augmenter la distance.

4. Faire rouler la balle à travers des obstacles de plus en plus rapprochés les uns des autres : entre les pieds d'une table, les montants d'une chaise, etc., etc.

5. Jeter une première balle par terre et envoyer toutes les autres vers elle, le plus près possible. (Jeu de boules ordinaire.)

6. Jeter toutes les balles en dehors d'un cercle de 3 à 4 mètres de diamètre, tracé par terre à la craie, au milieu duquel se tient le joueur.

7. Loger toutes les balles dans un cercle de plus en plus petit tracé par terre.

8. Rouler les balles contre un obstacle facilement renversable : ainsi un mur de briquettes, une planche légère posée sur la tranche de façon à perdre l'équilibre au moindre choc.

9. Rouler les balles contre des quilles rangées en ligne devant le joueur.

10. Rouler les boules contre des quilles rangées comme dans le jeu de quilles ordinaire, etc., etc.

JET EN HAUTEUR

11. Lancer les balles par-dessus un obstacle, ainsi une ficelle tendue dont on augmente ou diminue à volonté la hauteur.

12-13. Reprendre les exercices 2 et 3, la corbeille étant sur la table.

14. Lancer les balles à travers les barreaux du dossier d'une chaise, d'abord indifféremment, puis entre tels barreaux indiqués.

15. Lancer contre une clochette ou un grelot suspendus en l'air, un peu trop haut pour que l'enfant l'atteigne avec la main. Le tintement qui doit s'ensuivre réjouit fort les joueurs et excite un vif entrain.

16. Lancer à travers un cerceau suspendu à une hauteur peu à peu augmentée à mesure que les petits joueurs deviennent plus adroits, etc., etc.

JEUX COLLECTIFS

Matériel : Une balle pour deux enfants.

1. A un signal donné, faire rouler la balle à travers un espace, les enfants étant sur un siège très bas vis-à-vis l'un de l'autre, les pieds écartés.

2. Faire rouler une balle à travers une table vers un voisin placé en face.

3. Lancer la balle à un partenaire qui la reçoit dans son tablier ou dans ses mains, suivant les conventions établies.

4. Faire rouler la balle dans le camp d'un partenaire qui doit en défendre l'entrée. Les camps sont tracés vis-à-vis les uns des autres, comme au jeu de barres, à une distance plus ou moins grande.

5. Faire rouler une balle au delà d'une ligne dont un joueur défend le passage de son mieux. Ce jeu exige trois joueurs : deux pour se renvoyer la balle, un pour l'arrêter.

Mêmes jeux, chaque enfant ayant plusieurs balles.

(Les exercices à plusieurs balles présentent beaucoup plus de difficultés par le fait qu'il faut éviter qu'elles se rencontrent, et surveiller simultanément l'envoi et la réception des balles.)

6. Les enfants, munis chacun d'une balle, se placent en cercle de façon que leurs mains se touchent quand ils étendent les bras.

Un : Chaque joueur tend à la fois les bras en croix, la main droite passe la balle au voisin de droite, tandis que la main gauche reçoit celle du voisin de gauche.

Deux : Les mains se rejoignent devant la poitrine pour passer la balle de la main gauche dans la main droite.

7. *Variante.* Rejoindre les mains par derrière de façon que chaque joueur passe sa balle de droite à gauche derrière son dos.

On peut faire alterner des mouvements de marche en cercle ou de pirouette sur place avec chaque échange de balle, ce qui produit autant de jeux nouveaux.

8. Les enfants se placent à une petite distance en face l'un de l'autre, l'un d'eux muni d'une balle ; à un signal donné, celui-ci la lance adroitement à son vis-à-vis qui la lui rejette et ainsi de suite en faisant un pas en arrière tous les 4 coups pour augmenter la distance et la difficulté. Quand cette distance est assez grande, les joueurs se rapprochent de la même manière.

9. Même jeu avec deux balles, une par enfant.

10. Même jeu avec un plus grand nombre de joueurs placés sur deux lignes, tous font simultanément le même mouvement, même les maladroits qui ont laissé choir la balle, afin de ne pas troubler l'unité.

Une récompense quelconque est attribuée au couple qui se retrouve avec ses deux balles à la fin du jeu.

Ces évolutions et quelques autres que l'on peut facilement imaginer sont extrêmement gracieuses lorsqu'elles sont exécutées avec ensemble et accompagnées de chants. Il faut seulement exiger une grande précision dans les mouvements, malgré leur souplesse.

JEUX AVEC LA BALLE ÉLASTIQUE

Jeter la balle en l'air d'après des règles déterminées d'avance au gré des joueurs, ainsi :

	Lancer 3 fois de la main droite,	rattraper	des deux mains.
1°	— 3 — gauche,	—	—
2°	— 3 — droite,	—	de la main droite.
	— 3 — gauche,	—	de la main gauche.
3°	— 3 — droite,	—	de la main gauche.
	— 3 — gauche,	—	de la main droite.

Même série de jeux en lançant la balle contre le mur en y faisant face.

Même série en tournant le dos au mur (difficile).

Même série de jeux avec une balle élastique jetée sur le sol.

On peut accroître encore les difficultés en suggérant diverses complications telles que battre des mains, pirouetter entre le départ de la balle et son retour, etc.

Il y a en outre tous les jeux de paume ou de boules trop connus pour qu'il soit nécessaire de les indiquer (quilles, jonglage, bilboquet à cornet ou à cerceau, passe-boule[1], etc.). Rappelons seulement qu'ils sont tous excellents à encourager pour développer le coup d'œil et l'adresse.

L'institutrice s'y intéressera donc toutes les fois que les enfants s'y essayeront librement.

En outre, entre deux occupations qui demandent de l'immobilité, elle proposera souvent comme jeu organisé les jeux de balles qui s'y prêtent le mieux.

Enfin ces jeux auront une ou deux fois la semaine leur temps marqué.

---

1. Voir *Pour faire jouer nos petits* et *Mouvements et Évolutions* par Mme Delannoy.

ENFILAGE

PAILLES, PERLES, GRAINES, FLEURS, ETC.

ENFILAGES

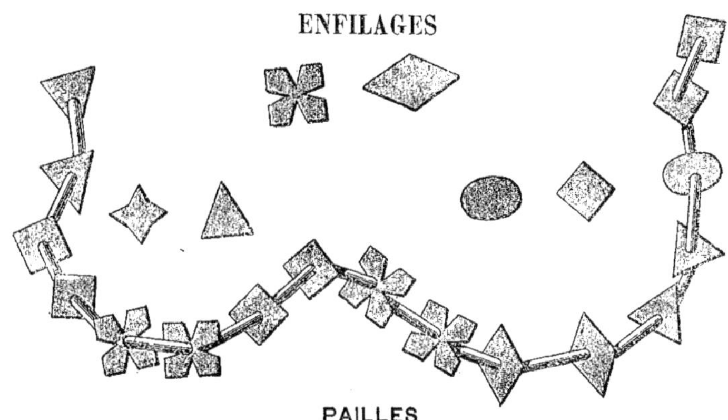

PAILLES

Peu de travaux trouvent auprès des enfants aussi bon accueil que les perles. Si l'on n'en a pas, ou pour varier les exercices, les paillettes donnent lieu à un enfilage non moins intéressant et les résultats sont encore plus gracieux ainsi que les enfilages de fleurs et de baies, v. p. 158.

Préparatifs de la maîtresse : couper de la grosse paille, passablement humide, par brins de 1 centimètre environ (en rejetant ceux qui ont des nœuds).

Travail des enfants : enfiler sur gros fil avec aiguille émoussée. Séparer les paillettes par des rognures quelconques de papier pour éviter que les pailles en se serrant ne se fendent et ne se chevauchent. Si possible avoir des papiers de couleurs variées. — (Les confettis à la mode depuis quelque temps sont parfaits pour la diversité des teintes, mais manquent de variété quant à la forme.)

PERLES

Choisir de très grosses perles pour que cette occupation soit accessible aux tout petits. Prendre de la ficelle fine. Distribuer cette ficelle par brins de 30 à 40 centimètres après avoir solidement noué une perle à l'une des extrémités. Faire enfiler par l'autre bout en le roulant au besoin entre les doigts pour le rendre pointu.

Note d'hygiène. — Il faut donner toujours de la ficelle neuve, ou bien attribuer au même enfant la même ficelle conservée avec les perles dans une petite boîte à son nom.

1° Couleurs mélangées, enfilées au hasard.

2° Perles mélangées, enfilage d'une seule couleur.

3° Enfilage de deux couleurs perle pour perle, soit rouge et vert, jaune et rouge, vert et blanc, etc.

4° Enfilage de deux couleurs, deux perles d'une couleur pour une d'autre couleur, soit jaune, rouge, rouge, etc., — blanc, bleu, bleu, etc.

5° Enfilage en cordons de deux couleurs, deux par deux, soit rouge, rouge, blanc, blanc, etc., — vert, vert, blanc, blanc, etc.

6° Enfilage en cordons de trois couleurs, deux par deux.

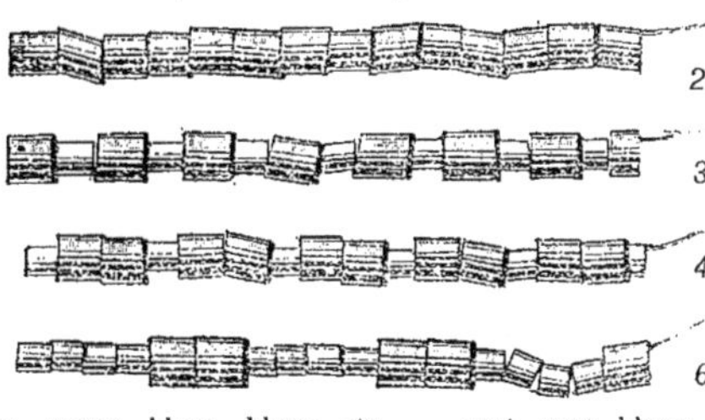

Enflage au fil double.

1° Les deux fils, après avoir passé chacun dans une perle, se rencontrent dans la même.

2° Les deux fils, après avoir passé chacun dans deux perles, se rencontrent dans la même.

Enflage aux fils croisés.

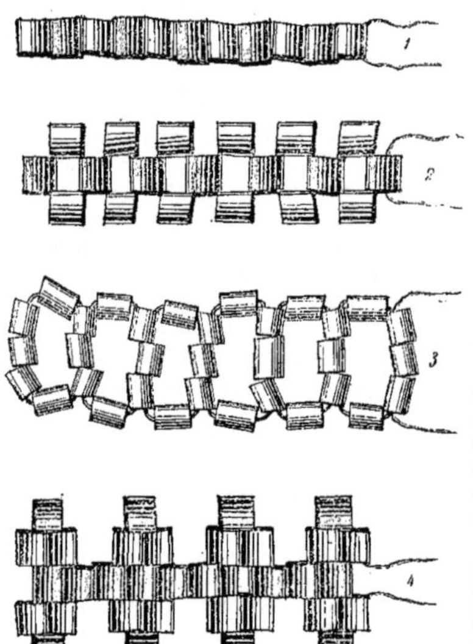

Cet enfilage, toujours assez compliqué, est cependant facilité par l'emploi du fil d'archal au lieu de fil ordinaire.

1° Chaque fil croise l'autre dans chaque perle.

2° Chaque fil passe dans une perle et rencontre et croise l'autre dans une seconde perle.

3° Chaque fil passe dans une perle et rencontre et croise l'autre fil dans un certain nombre de perles, deux, trois, comme au modèle, ou davantage.

4° Chaque fil passe dans trois perles et rencontre et croise l'autre fil dans une seule perle, puis les deux fils se croisent simplement dans trois perles comme au motif n° 1 ; en sortant de la troisième perle, chaque fil prend trois perles, puis rentre dans la perle où ils se sont déjà croisés.

5° Enfiler d'abord onze perles, faire passer le fil vis-à-vis dans la première perle, l'autre fil dans la onzième ; dès lors, enfiler quatre perles à chaque fil et passer chaque fil dans la troisième perle du vis-à-vis.

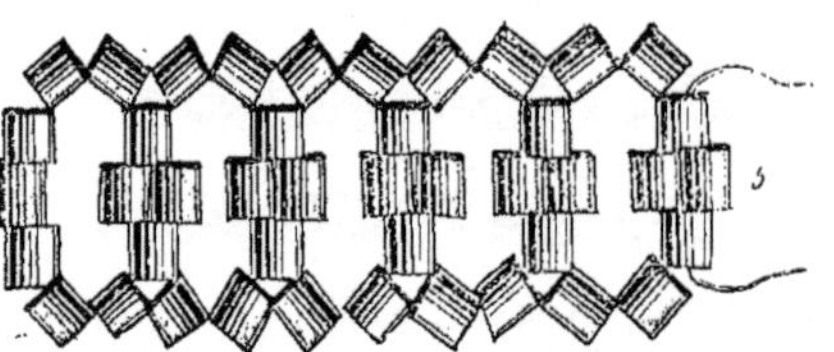

Observation générale. — En augmentant le nombre des fils, on peut varier et compliquer beaucoup les dessins, mais il faudra toujours veiller à l'heureux assemblage des couleurs.

PATIENCES

CONSTRUCTIONS, CARRELAGES

MATÉRIEL POUR LA CONSTRUCTION ET LE CARRELAGE

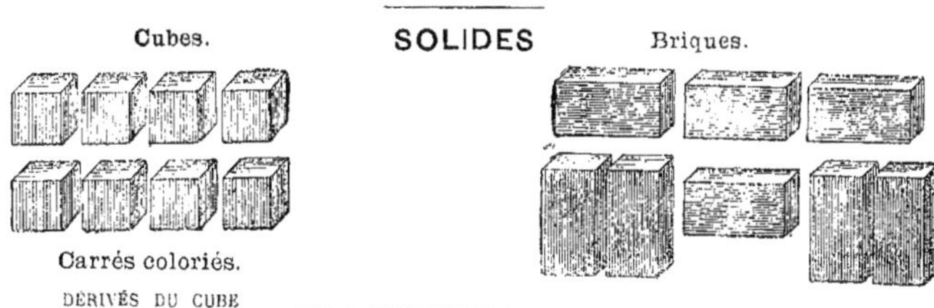

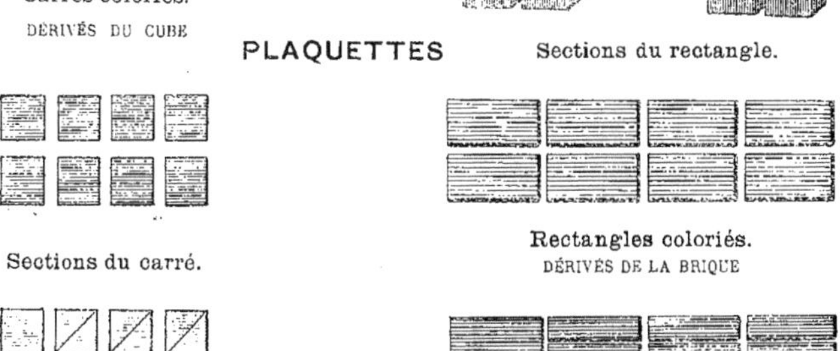

Pour le matériel en bois ci-dessus, voir le catalogue de matériel de la *librairie Fernand Nathan.*

Cependant, par raison d'économie ou pour éviter le bruit que produit le choc du bois sur les tables, certaines maîtresses ont fort ingénieusement combiné le même matériel :

1° En plaquettes *de carton fort de couleurs variées* pour les dispositions planes, ce qui donne lieu à des travaux de carrelage et de mosaïque.

2° En solides : cubes et briques, fabriqués comme suit : 6 plaquettes de *carton léger* ayant été entourées d'un point de feston peu serré par les enfants ; la maîtresse en réunit 5 par un surjet prenant dans le feston, ce qui forme une petite boîte qu'elle remplit de mousse, de parfilage ou de sciure de bois, etc., qu'elle ferme solidement en cousant la 6ᵉ surface pour finir.

Pour les jeux libres, nous conseillons en outre vivement l'usage des fragments de toutes formes résultant du travail du bois, aussi bien chez le menuisier du village que dans les grandes usines ou dans les familles. Celles-ci sont toutes beaucoup plus riches qu'on ne croit en débris intéressants et utiles aux occupations enfantines, ainsi en particulier les bobines vides et les boîtes de certains petits fromages, dont les rondeurs apportent de nouvelles formes et de nouveaux effets.

PATIENCES BRIQUES

TOUT DOUX!

———

Quand j'étais petit, tout petit,
Je dormais dans un petit lit,
Ma mère chantait en cadence :
« Petit mignon, endormez-vous !
Endormez-vous, le berceau danse
   Tout doux, tout doux ! »

Lorsque je pleurais dans ses bras,
Maman marchant à petits pas
Me dorlotait avec tendresse :
« Petit mignon, consolez-vous !
Consolez-vous, on vous caresse
   Tout doux, tout doux ! »

———

TOUT DOUX !
Gravure et poésie extraites du volume : Le *Livre Rose et Bleu*, poésies de l'école et du foyer,
par OCTAVE AUBERT. (*Librairie Fernand Nathan.*)

PATIENCES BRIQUES

TOUT DOUX!

Gravure de la page précédente collée sur des briques emmêlées pour faire un jeu de patience.

TOUT DOUX!

(SUITE)

Maintenant que je suis trop grand,
Ma mère jamais ne me prend.
Dans la cour, je vais et je joue,
Mais lorsque je rentre chez nous,
Elle me baise sur la joue
    Tout doux, tout doux!

Quand ses cheveux seront tout blancs,
Quand ses genoux seront tremblants,
— Pauvre mère aujourd'hui si vive,—
C'est moi qui gagnerai des sous
En travaillant pour qu'elle vive
    Tout doux, tout doux.

PATIENCES CUBES

Gravure ci-contre collée sur des cubes emmêlés.

Gravure extraite du volume : *Lectures-Leçons d'Agriculture*, par E.-L. BOUVIER et LETRAIT. (*Librairie Fernand Nathan.*)

SOLIDES ET SURFACES

Le premier emprunt fait aux jouets étant la balle, le second consistera dans ces objets de différentes formes que les enfants connaissent depuis longtemps sous le nom de patiences, blocs, dés, dominos, colonnes, pignons, et qui un peu modifiés sont les *cubes, briques, colonnettes, prismes*, etc. Ces objets, caractérisés par une apparence massive, ont, au rebours de la balle, une grande stabilité, en sorte qu'ils se prêtent à diverses constructions qui exercent le coup d'œil et la sûreté de la main, et donnent lieu aux premières études expérimentales des lois de l'équilibre et de la symétrie.

Patiences.

Un long usage a prouvé l'intérêt particulier que les planchettes prennent pour les enfants, qu'il s'agisse soit de cubes, soit de surfaces, en tant que jeux de patience.

Et peut-on imaginer un meilleur exercice que cette reconstitution graduelle d'une petite scène dont les fragments ne sont retrouvés et réunis qu'à force d'attention et par une comparaison constante avec un modèle ?

Pourquoi n'admettrait-on donc pas ce jeu dans nos écoles, en lui faisant même une place d'honneur ? Il serait si facile d'en fabriquer une grande quantité d'exemplaires, tous différents, cela va sans dire, afin de renouveler souvent l'intérêt.

Il ne faudrait pour cela que recueillir deux exemplaires d'un certain nombre de gravures, ainsi celles que présentent les catalogues de librairie au nouvel an. Un de ces exemplaires serait collé sur étoffe pour servir de modèle, l'autre exemplaire sur une surface correspondante de cubes ou plutôt d'abord de briques posées sur leur plus grand côté, serrées les unes contre les autres. Quand le collage serait bien sec, avec la pointe d'un canif, on séparerait les briques les unes des autres, chacune emportant avec elle un fragment de l'image collée (comme nous le montrons ci-contre) ; si on renouvelait plusieurs fois le même petit travail, on aurait bientôt des jeux de patience parfaitement solides et très simples, pour lesquels il ne manquerait plus que des boîtes — car il faut naturellement tenir chaque groupe très soigneusement isolé des autres sous peine d'énormes difficultés pour la reconstruction de chaque gravure. — Pour cet usage, notons en passant la simple boîte à sardines souvent employée et fort convenable, comme format, solidité et valeur nulle.

Plus simple encore est l'emploi de la carte postale à sujet enfantin, découpée en fragments de formes variées, chacun marqué d'un même signe pour le même groupe et le tout renfermé dans une enveloppe quelconque.

Constructions en hauteur.

Ces constructions ne sont nullement à dédaigner, car, en accumulant les objets les uns sur les autres pour élever un mur, une tour, une colonne, l'enfant finit par pressentir quelques-unes des lois élémentaires de l'équilibre dont l'application exerce son coup d'œil et la délicatesse de son toucher.

Cependant il n'y a pas lieu de décrire ces leçons :

1° Parce que ces imitations d'édifices sont en nombre très limité et la plupart restent, quoi qu'on fasse, si imparfaites et grossières que l'œil de d'adulte les distingue souvent à peine, tandis que l'enfant s'y reconnaît fort bien, grâce à la même illusion qui d'un bâton lui fait un cheval. Or, le meilleur profit de ces imitations, c'est l'effort d'imitation même qu'elles coûtent, et il vaut mieux en laisser l'initiative aux petits architectes eux-mêmes.

2° De plus, toute personne qui désirerait guider davantage serait à même de donner ces leçons avec les seuls souvenirs de son expérience : qui n'a, en effet, au moyen de dominos, fait des tours rivales de Babel, des jardins suspendus et des façades d'église?

Pour nous, d'une façon générale, nous en ferions volontiers l'exercice récréatif où la maîtresse se bornerait à stimuler des enfants qu'elle verrait hésiter sur l'emploi des instants de jeu libre qui doivent suivre toujours l'exercice méthodique.

Elle leur suggérerait alors le désir de traduire ainsi leurs souvenirs et les objets de leur entourage : habitations d'hommes et d'animaux, meubles, véhicules, chemin de fer, pont, tunnel, etc.

Dispositions planes.

Les dispositions planes offrent plus de ressources et exigent plus de méthode : d'un point de départ très simple, par de petites transformations graduelles, il faut arriver à produire des combinaisons symétriques variées, sortes de rosaces si l'on veut, ou plus exactement de *mosaïques* telles qu'on les emploie dans l'industrie du carrelage pour diverses décorations de surfaces horizontales et verticales.

A proprement parler, ce sont surtout les plaquettes de bois coloriées ou de carton de couleur qui conviennent aux dispositions planes. Mais le maniement des solides est peut-être plus facile; aussi est-il loisible de les employer pour les premiers exercices, qui gagneraient d'ailleurs en facilité et en agrément si les cubes et les briques étaient coloriés sur une au moins de leurs faces.

Quoi qu'il en soit, il y aura tout avantage à ce que l'enfant se familiarise graduellement avec le contenu de ses boîtes à jeux en les comparant aux objets usuels de même apparence.

Un cube. — Promener les doigts sur ses angles, ses côtés ou faces, ses bords (sans les compter, car l'enfant avant quatre ans ne peut en général comprendre les nombres au delà de 3).

Faire montrer des objets ressemblant au cube? (*Pavé*, *dé à jouer*, *morceau de savon*, *certaines boîtes*, etc.) Suggérer les réponses en présentant et faisant manier les objets qui ne sont pas d'ordinaire sous les yeux des enfants.

Quels meubles un cube pourrait-il figurer pour une petite poupée? (Un *escabeau*, une *chaise sans dossier*, une *table*, etc.)

Une brique. — Promener les doigts sur ses angles, ses plus petits côtés, ses côtés les plus grands, ses côtés longs et étroits, ses longs bords, ses plus petits bords, ses bords moyens; quels objets lui ressemblent? (Un *banc*, un *lit*, etc.) Comment on peut la poser.

Deux, trois, quatre, cinq cubes ou briques. — Mêmes exercices que pour les unités, avec les variantes et les développements auxquels donne naturellement lieu la pluralité des objets.

Etant donné le charme de renouveau que l'enfant trouve à un jouet qui a été momentanément supprimé, nous conseillons d'établir un roulement *hebdomadaire* pour l'usage des cubes et des briques.

Par conséquent, dès la seconde semaine de classe, les cubes seraient remplacés par les briques, dont les enfants feraient connaissance par le même procédé que pour les cubes, et on établirait la même alternance dans l'usage des planchettes.

Soit le roulement suivant, en supposant pour les trois premiers mois un exercice par jour :

PREMIER MOIS : 1re semaine, *cubes* (un, deux, trois).
2e — *briques* (une, deux, trois).
3e — *cubes* (quatre).
4e — *briques* (quatre).

DEUXIÈME MOIS : 1re — *cubes* (cinq).
2^e — *briques* (cinq).
3^e — *cubes* (cinq); — *planchettes* (cinq).
4^e — *briques* (cinq); — (cinq).

TROISIÈME MOIS : 1re semaine, *cubes ou planchettes* (six).
2e — *briques ou planchettes* (six).
3e — *cubes ou planchettes* (sept).
4e — *briques ou planchettes* (sept).

QUATRIÈME MOIS : 1re et 3e semaines, *cubes* (huit); ou *planchettes* (huit).
2e et 4e — *briques* (huit); — (huit).

DEUX

Deux cubes ou deux planchettes carrés.

Positions relatives à donner aux objets entre eux : *sur, sous, contre, à côté, vis-à-vis,* etc.

I. — *a, b,* face contre face; *c, d,* angle contre angle.

II. — *a, b, c, d,* angle contre face.

(Supposer un cube *immobile* et faire évoluer l'autre cube tout autour : au-dessus, au-dessous, à droite, à gauche.)

Deux briques ou deux planchettes.

Positions relatives à donner aux objets comme précédemment : *sur, sous, contre, à côté, vis-à-vis, en haut, en bas.*

La brique ayant des faces de trois dimensions, *les rencontres des faces diverses entre elles et avec les angles* prêtent à des combinaisons et à des exercices d'observation plus nombreux que le cube, dont toutes les faces sont semblables.

OBSERVATION GÉNÉRALE

Les modèles suivants offrent les mêmes dispositions avec un nombre croissant d'objets et des dispositions nouvelles qui n'épuisent d'ailleurs nullement la série des combinaisons possibles; nous nous sommes bornés à indiquer les principales qui doivent suggérer l'idée de nombreuses variantes que l'on proposera aux enfants ou qu'on leur fera découvrir.

Remarquer et faire remarquer que les changements d'aspect peuvent et doivent être produits avec les déplacements les plus simples et les plus modérés : jamais de bouleversements, mais une transformation lente et sûre.

Il sera bon de profiter de ces premiers moments où chaque enfant ne dispose que d'un matériel restreint pour encourager les *jeux et travaux en commun;* ainsi, *construction collective* d'un grand carrelage, d'une colonne, d'une tour, d'un mur, etc.

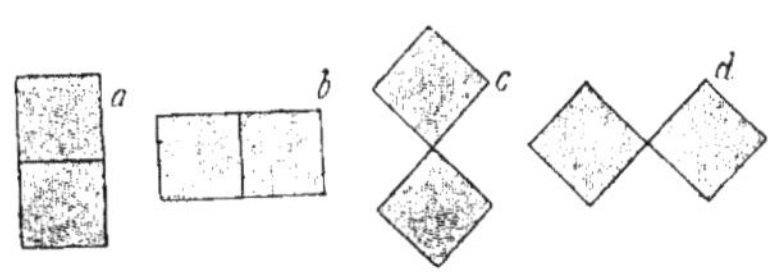

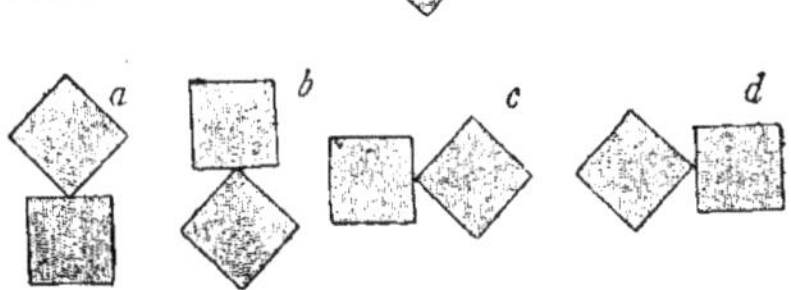

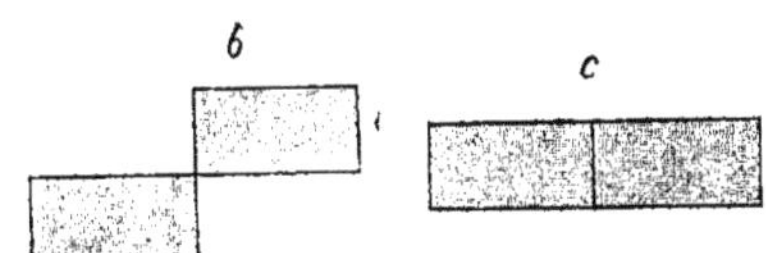

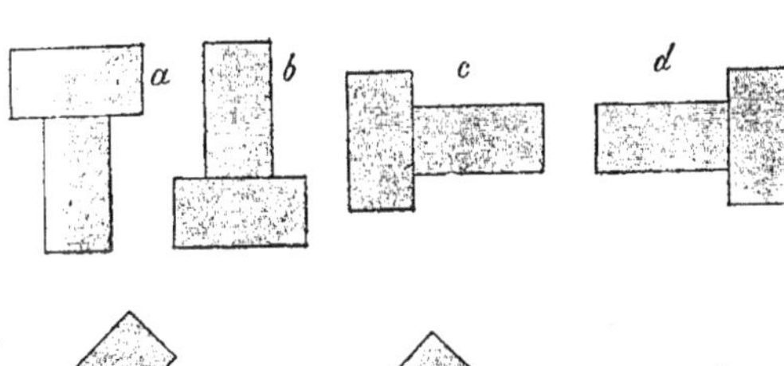

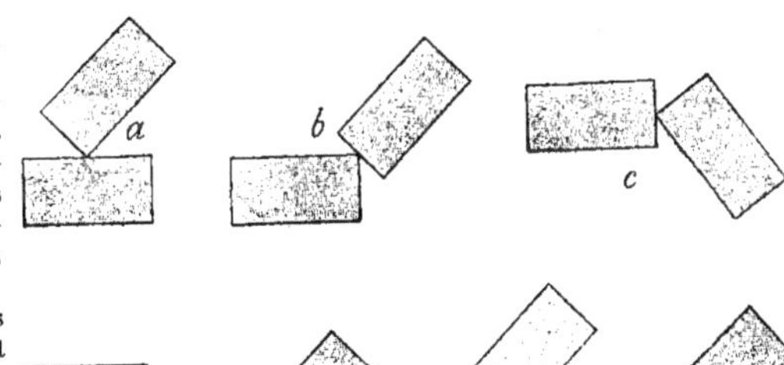

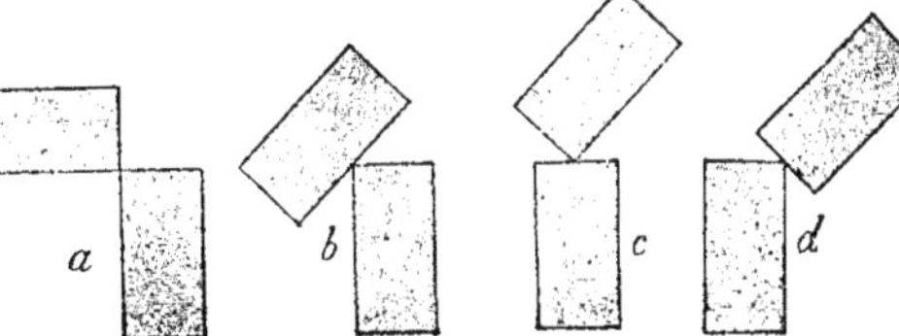

TROIS

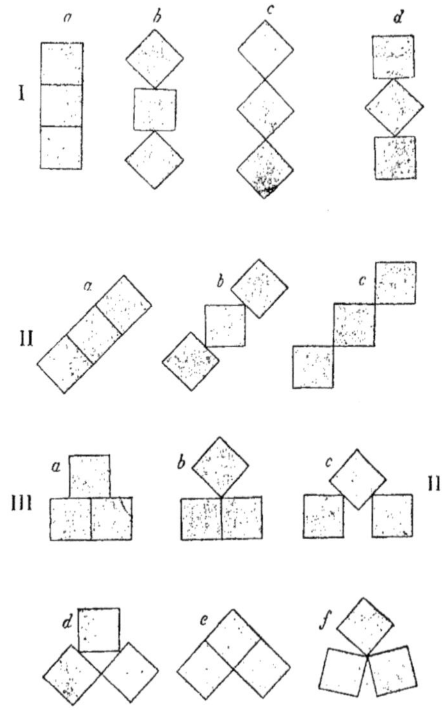

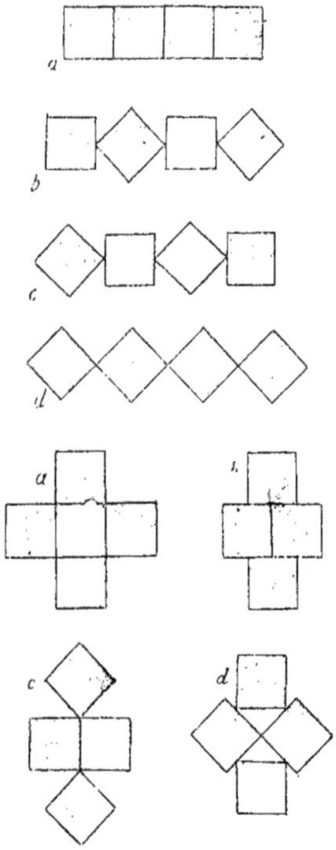

QUATRE

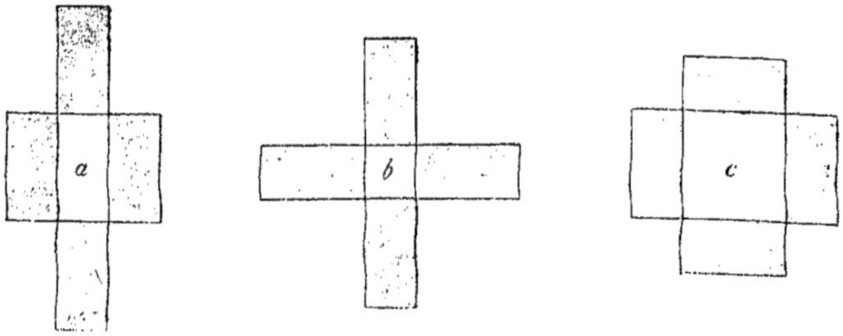

TROIS

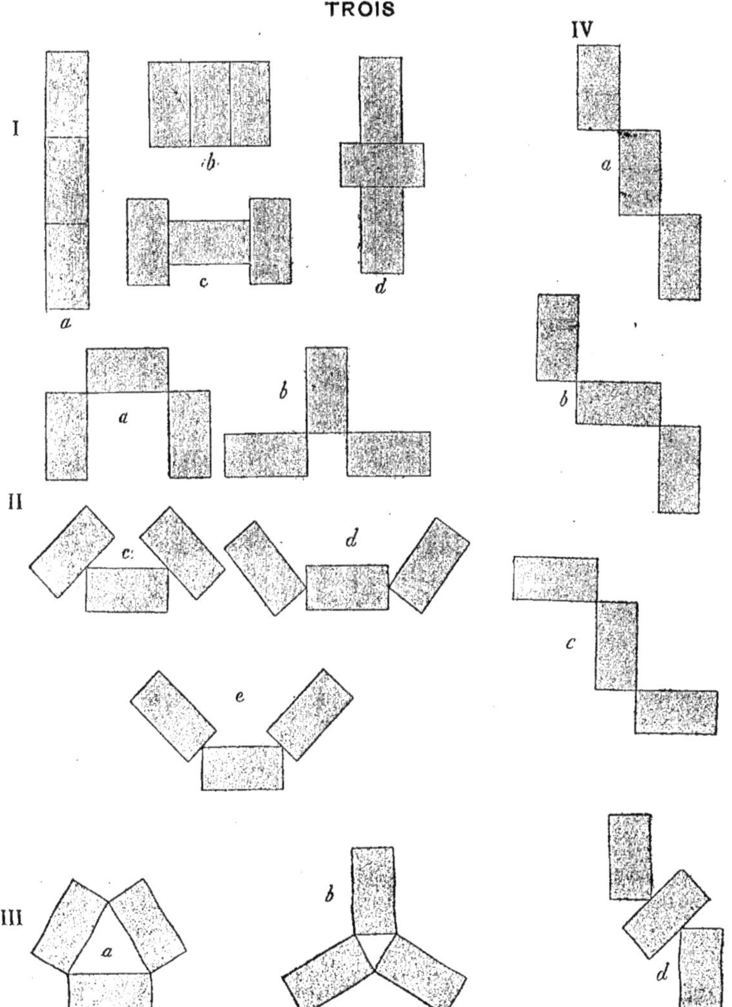

    PATIENCES

CINQ

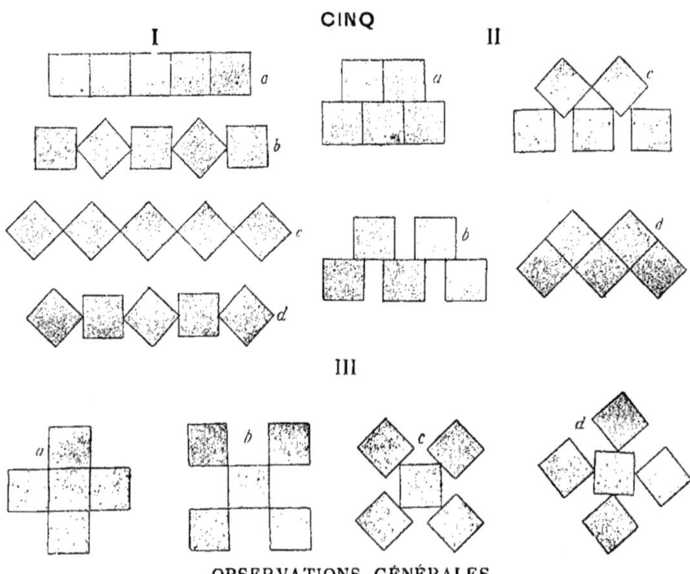

OBSERVATIONS GÉNÉRALES

Deux règles sont à imposer pour permettre à l'enfant de produire lui-même des combinaisons nouvelles avec méthode sans les tâtonnements et le désordre ordinaires : Tantôt, comme ci-dessus aux numéros I et II, on lui montre à procéder par petits changements successifs pour former peu à peu des figures très éloignées de la première.

Tantôt, comme au numéro III, on donne comme deuxième figure celle qui est le plus possible *différente* de la première et pour ainsi dire son *contraire;* puis on fait trouver d'autres figures tenant à la fois des deux précédentes et se présentant comme des *intermédiaires* entre celles-ci.

Chaque série d'exercices doit se terminer par le retour à la figure du point de départ, ce qui donne lieu à la récapitulation des figures par leur répétition en sens inverse et provoque un effort de mémoire. C'est en outre une mesure d'ordre et une habitude excellente à donner, savoir que tout objet qui cesse de servir doit être rangé et remis à sa place.

CINQ

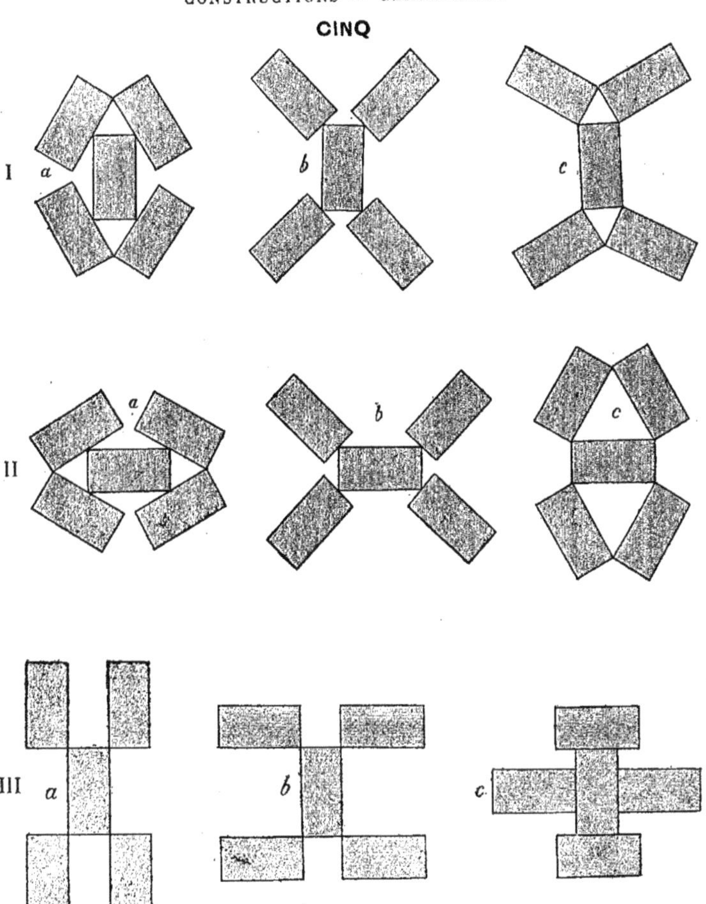

Il va sans dire que tous les genres d'alignements conviennent aussi bien
aux briques qu'aux cubes, c'est la nécessité d'économiser la place qui seule
a fait éviter ici de multiplier les modèles des deux genres ; mais il est toujours
entendu que les combinaisons présentées pour l'un des solides sont à reproduire aussi avec l'autre.

SIX

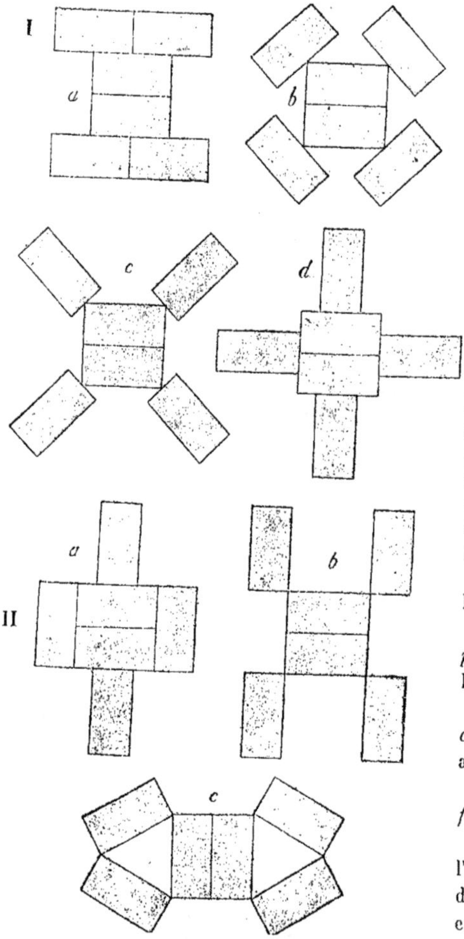

Les exercices de carrelage relatifs à six objets, cubes, briques, etc., ne sont en somme que le redoublement des modèles relatifs à trois, c'est pourquoi nous ne multiplions pas ces modèles, renvoyant plutôt nos lecteurs aux planches, page 38.

De même nous donnons seulement à titre d'échantillon quelques combinaisons de sept.

En ce qui concerne les constructions en hauteur, le nombre croissant des objets et en particulier des briques se prête de plus en plus à l'imitation — grossière d'ailleurs — des formes usuelles; à propos des briques, signalons quelques modèles dont les figures se trouvent aux bâtonnets, page 64.

Pour deux briques, voir, ligne 4, la *table*.

Pour trois briques, la *porte* ou la *maisonnette*, ligne 2.

Pour quatre briques, la *chaise*, ligne 1 ; la maison au toit pointu, ligne 2.

Pour cinq briques, la *fenêtre*, n° 1 ;

Comme chacun a pu l'observer à propos des dominos, les enfants sont en général eux-mêmes très habiles à ces constructions où ils trouvent aisément des ressemblances avec les choses de leur entourage.

SEPT

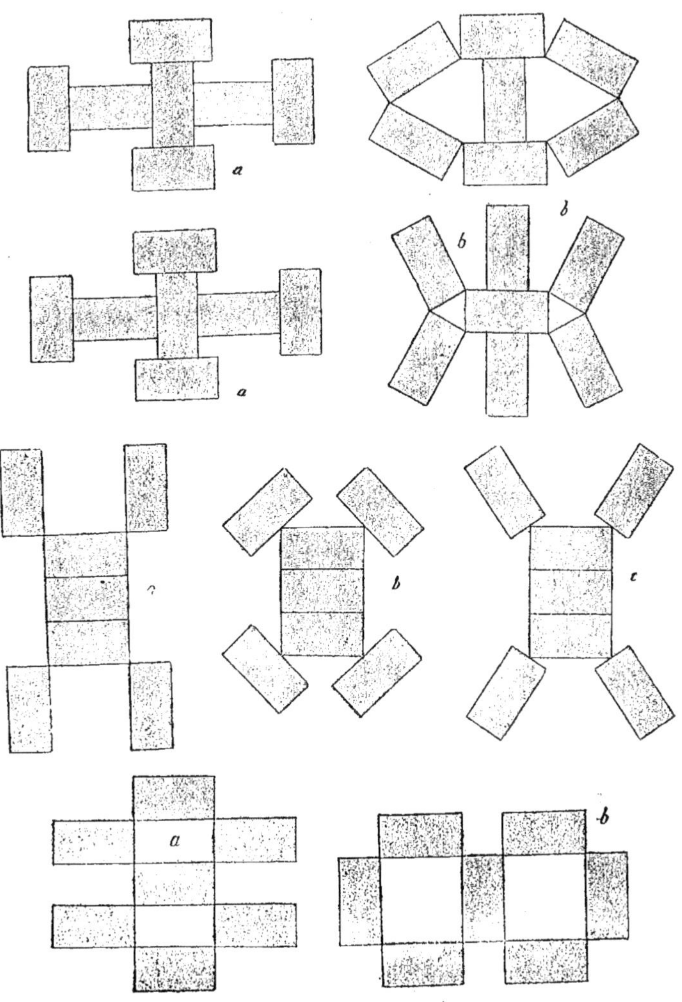

HUIT

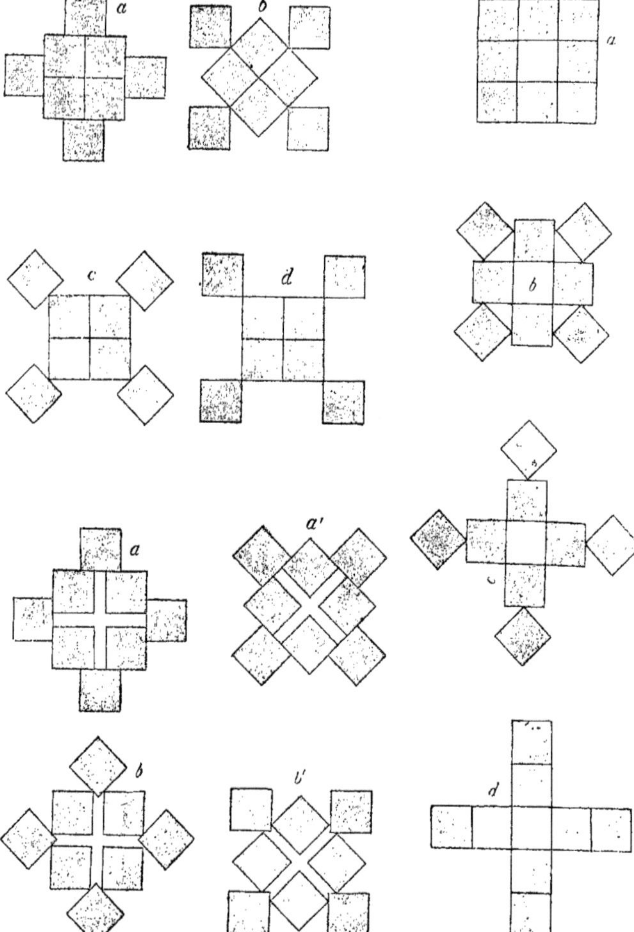

HUIT

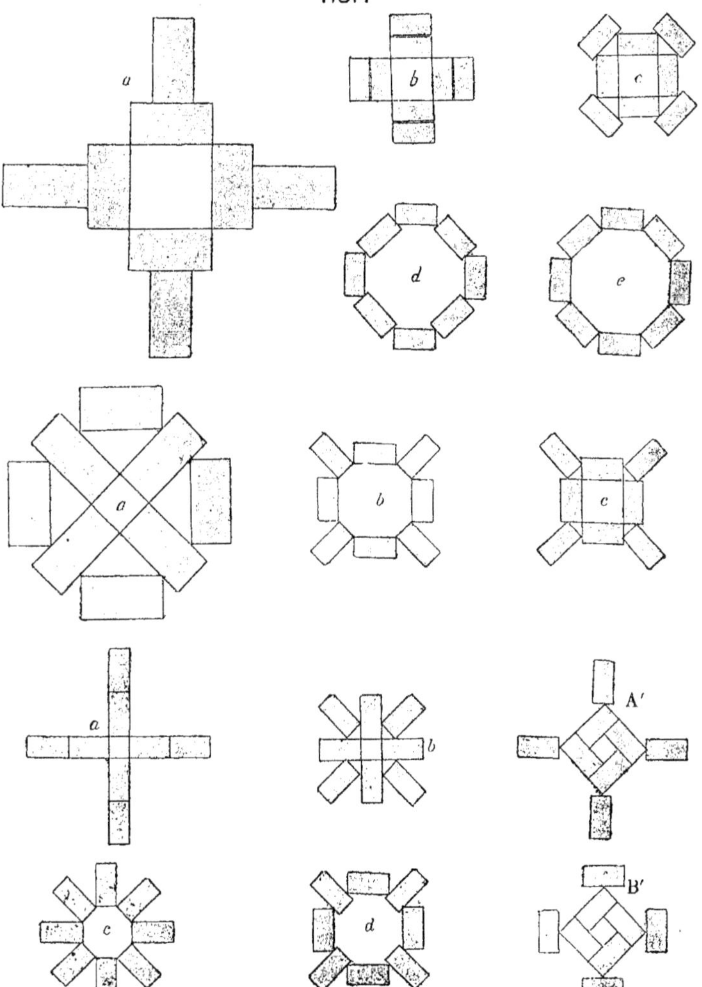

HUIT

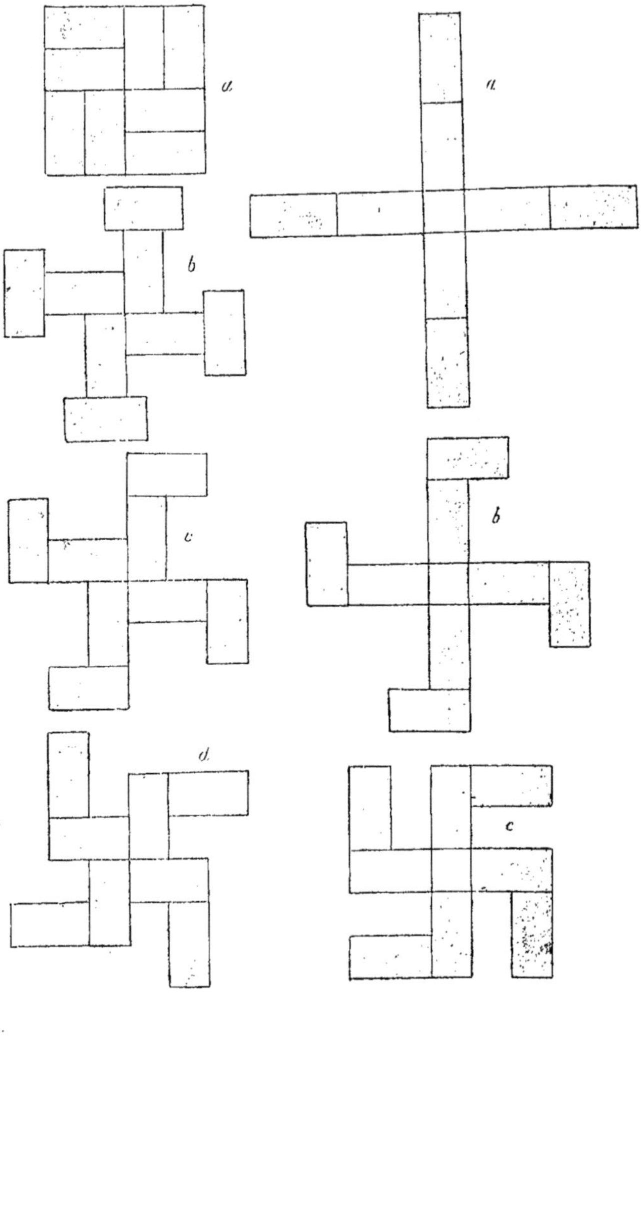

Solides et surfaces fractionnés.

Après les bois de formes ordinaires, en voici d'autres d'un maniement plus délicat: d'une part, les **fractions du cube** et **du carré** par une diagonale, puis par les deux diagonales, ce qui fait des pignons de plus en plus petits ; d'autre part, les fractions de la **brique** et du **rectangle** en colonnettes,d'un effet charmant soit pour les constructions planes, soit pour les constructions en hauteur.

On fait parfois d'autres subdivisions, mais elles sont d'un emploi difficile et nous ne les croyons pas nécessaires pour les petits enfants, en sorte que nous n'en parlerons pas.

OBSERVATION GÉNÉRALE

Jusqu'ici tous les objets employés ensemble ont eu la même forme : des cubes, des briques qui, réunis, reformaient de gros cubes de 5 centimètres carrés pour lesquels on a souvent des boîtes spéciales dont on attribue un exemplaire à chaque élève.

Mais, comme nous l'avons observé, il est en général préférable de familiariser l'enfant graduellement avec son matériel d'occupation en ne le lui présentant que peu à peu.

Au contraire, quand l'élève est bien au fait, il peut paraître opportun de lui donner un nombre d'objets supérieur au contenu ordinaire des boîtes ou d'employer simultanément diverses formes.

Mais, plus le matériel est nombreux, plus il est difficile à vérifier d'un coup d'œil, ce qui favorise les détournements, toujours fâcheux, soit que l'enfant ait seulement le désir de répéter ses jeux à la maison et de restituer ensuite le matériel scolaire, soit qu'il ait l'intention de s'en approprier un peu.

Il faut donc ne jamais distribuer que le matériel strictement utile à la leçon; cette distribution devra se faire rapidement, de la façon que l'on juge la meilleure, soit que les enfants défilent devant la maîtresse pour recevoir d'elle le nombre d'objets nécessaires, soit que plusieurs élèves soient chargés de cette répartition durant un moment de récréation, ou pendant que les autres immobiles à leurs places exécutent un chant en attendant que tout le monde soit pourvu.

A la fin de l'exercice, après le jeu libre cela va sans dire, on fait grouper le matériel sur les petites tables devant chaque élève en figures *bien régulières* qui permettent de juger d'un coup d'œil si le jeu est complet; puis on recueille tous ces tas dans une *même corbeille pour un même objet*, corbeille des cubes, corbeille des briques, corbeille de mosaïques carrées, corbeille de mosaïques rectangulaires, corbeilles aussi pour chaque fragment de cubes ou de briques et de mosaïques, tels qu'ils se trouvent aux modèles suivants ; faute de quoi le plus grand pêle-mêle ne tarde pas à régner et à rendre les distributions soigneuses et régulières impossibles.

FRACTIONS DU CUBE

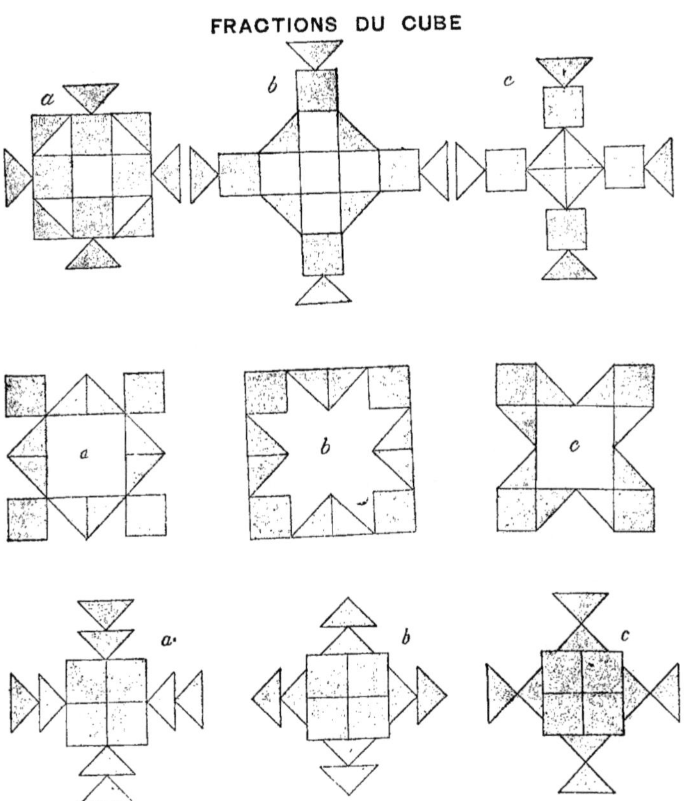

Avec les fractions du cube et de la brique, les constructions en hauteur prennent un aspect élégant et léger qui leur manquait tout à fait jusqu'ici. Aussi faut-il les encourager de plus en plus : des édifices divers plus ou moins moyen-âgeux ou fantaisistes, *portiques, colonnades, églises, castels, maisons,* peuvent naître de l'emploi convenable des colonnes, colonnettes et pignons, avec quelques cubes et briques pour assurer la solidité de l'ensemble.

Note. — Conseillons en outre l'adjonction des bobines, qui sans faire partie du matériel ordinaire le complètent d'une façon utile et charmante pour les constructions en hauteur.

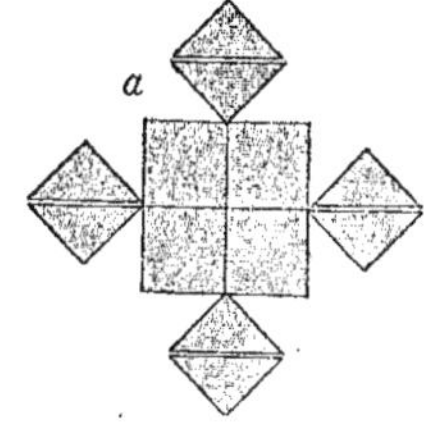 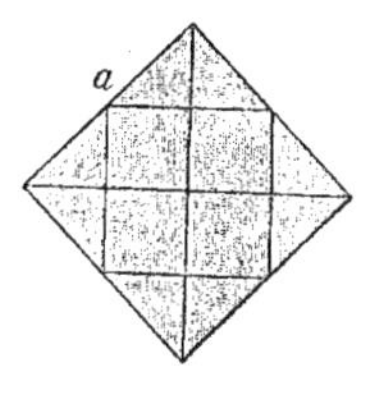 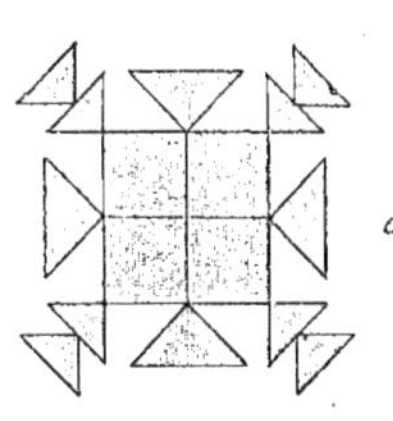

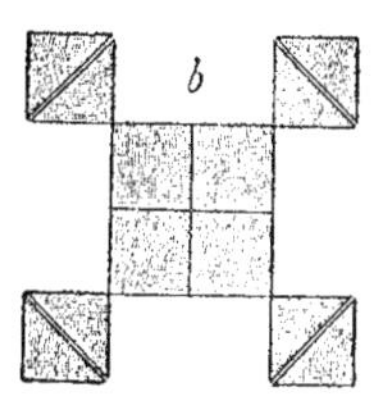 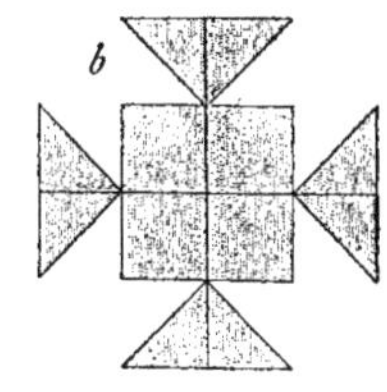 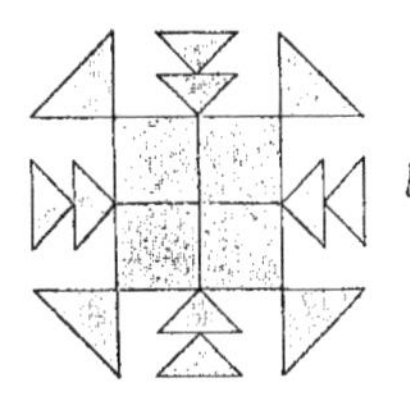

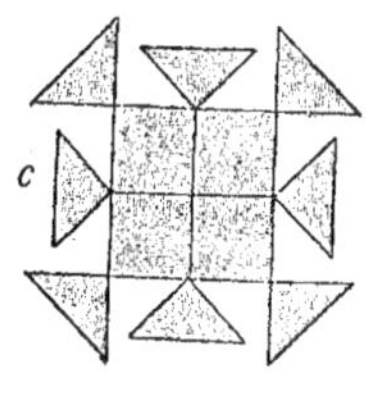 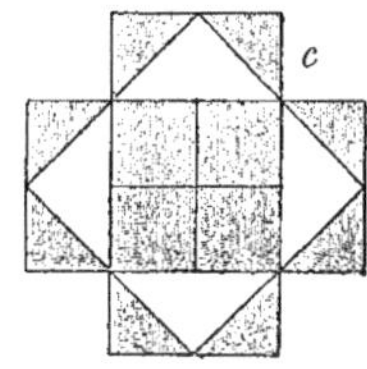 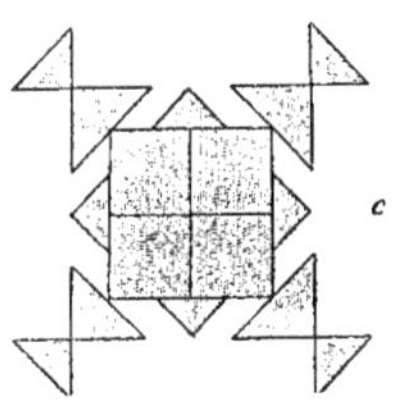

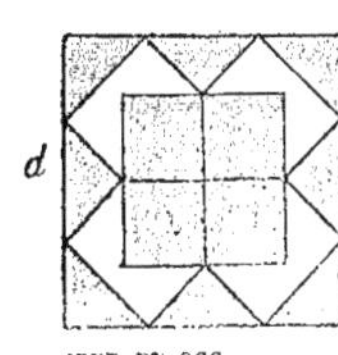 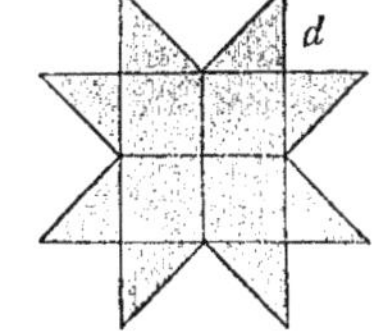 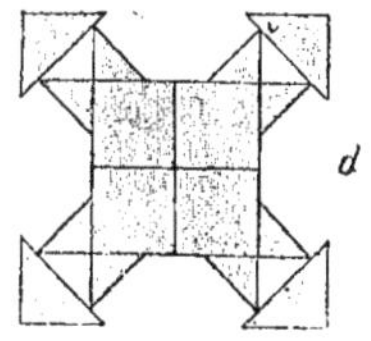

FRACTIONS DE LA BRIQUE

Briques, colonnes, carreaux.

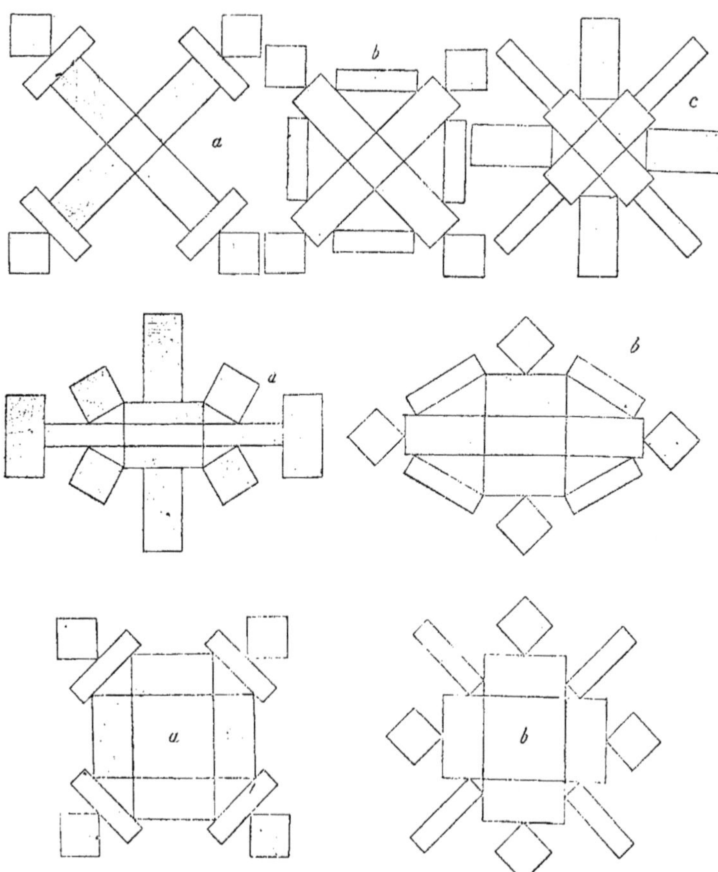

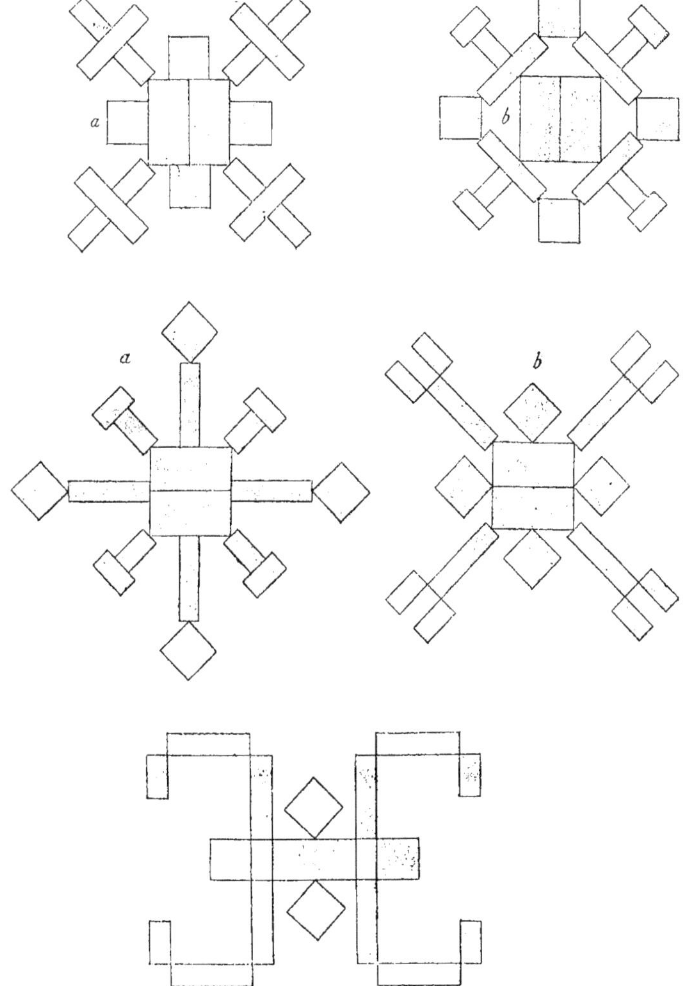

REMARQUE GÉNÉRALE

Nous ne pouvons en finir avec les solides et les surfaces sans indiquer qu'ils doivent aussi servir à bien d'autres exercices utiles à l'éducation du coup d'œil : exercices de comparaison quant aux longueurs, aux distances, à la direction et au nombre des objets; ainsi par exemple, pour les *longueurs* et les *distances* :

Longueurs. — *a.* On dressera bien en vue des enfants des colonnes de solides de longueurs inégales, d'abord seulement deux, fort rapprochées, l'une beaucoup plus petite que l'autre ; puis on diminuera peu à peu la différence de hauteur et on augmentera l'éloignement, ce qui rend la comparaison de moins en moins aisée.

b. On augmentera le nombre des colonnes et on invitera les élèves à les indiquer soit dans un ordre décroissant, la plus haute d'abord, soit dans l'ordre inverse.

a', b'. Mêmes exercices en disposition horizontale, figurée par des dessins sur un tableau noir vertical, si on a affaire à un trop grand nombre d'élèves pour les grouper devant la table sur laquelle on disposait les colonnes précédentes.

c. Exercices de comparaison entre des lignes verticales et des lignes horizontales, en n'oubliant pas et en faisant remarquer que la ligne horizontale semble toujours plus longue que la même ligne placée verticalement.

d. Après avoir amené les enfants à distinguer seulement entre elles des longueurs relatives, par des mots vagues, tels que : *plus long, moins long*, etc., on leur fera estimer exactement quelques différences de longueurs très sensibles : le *double*, la *moitié*, le *tiers*, un *quart* en plus ou en moins, etc., etc.

Enfin par l'usage très fréquent du mètre, on pourra fort bien arriver à faire faire des évaluations en centimètres.

Les enfants reproduiront le plus possible, avec leur propre matériel, les exercices proposés, et ce sera souvent l'un d'eux qui viendra exécuter au tableau ou sur la table de la maîtresse les petits travaux indiqués.

Distances. — *a.* Poser sur la table deux objets semblables : cubes, briques, etc., sans laisser aucun intervalle entre eux, et faire remarquer qu'ils se touchent sur toute leur longueur ; en placer d'autres avec un grand espace vide entre eux, ce qui est la *distance.*

b. Faire comparer les distances relatives entre plusieurs objets, quelques-uns différents des autres, ainsi deux briques et un cube, afin que l'enfant puisse dire : la plus grande distance se trouve entre les deux briques, la plus petite entre le cube et la brique ; si les objets employés sont semblables, on fera employer des expressions déterminatives comme : *vers le mur, vers la fenêtre*, etc., ou bien *à gauche, à droite* (par rapport aux enfants), ce qui suppose des élèves déjà assez au fait de la position de leurs membres.

a', b'. Même comparaison de distances verticales (comme pour les longueurs).

c. Comparaison entre des distances verticales et des distances horizontales.

d. Comme pour les longueurs, faire apprécier exactement la relation de quelques distances entre elles : le *double*, la *moitié*, etc., etc.

On pourrait aussi arriver à quelques mesurages avec le mètre, en évaluant, bien entendu, le rapport des distances par décimètres, et non par centimètres : telle distance est de " décimètres, telle autre a 2 décimètres de moins, etc.

On ne négligera pas non plus de rendre cet enseignement aussi pratique que possible en provoquant des comparaisons de dimensions et de distances comme aussi d'aspect entre des objets usuels, des livres, des meubles, des personnages, etc., etc.

JEUX DE SALLE

ET

MODELAGE

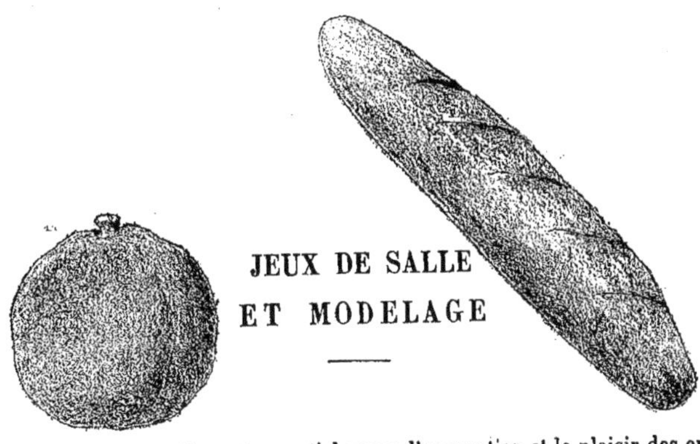

JEUX DE SALLE
ET MODELAGE

I. — Les **jeux de salle** sont essentiels pour l'occupation et le plaisir des enfants : jeux libres tels que chacun peut les imaginer dans la cour, — jeux plus délicats, en classe, et non moins variés [1].

II. — Le **modelage** peut s'exécuter en *terre glaise*, en *pâte de farine non cuite et mie de pain frais*, en *cire*, et en pâtes de diverses compositions : *modeline*, *mastic*, etc.

Il comporte simultanément :

1° *Des exercices méthodiques d'ornementation* ;

2° *Des exercices d'imitations d'objets usuels*, fruits, légumes, gâteaux, vaisselle de poupée, etc.

Faire des gâteaux de sable, pétrir la pâte en figure de casserole ou de miche, c'est-à-dire *modeler*, est un des goûts innés de l'enfant. C'est donc l'occuper agréablement que de lui proposer un tel travail, et il y trouve grand profit aussi soit par l'effort d'observation que chaque modèle lui impose, soit par l'effort d'imitation [1].

On pourra organiser les leçons à peu près comme suit :

1° Elles auront lieu de préférence le samedi afin d'atténuer le plus possible l'inconvénient des maladresses qui salissent, les tabliers étant en général renouvelés pour le lundi; en outre, il sera défendu de frotter les mains aux vêtements sous peine de perdre sa part de pâte à modeler;

2° Chaque enfant sera fourni : *a*, d'un carré de toile cirée de 20 centimètres environ ou d'une ardoise sur laquelle sera exclusivement déposée et maniée la pâte durant tout le travail; *b*, d'une latte qui servira soit de couteau grossier pour couper la pâte, soit de racloir pour les mains; *c*, d'une éponge humide qui servira à humecter les mains, si l'on emploie de l'argile, et dans tous les cas à les frotter à la fin de la leçon, pour les approprier au moins dans une certaine mesure, avant le lavage complet, enfin à nettoyer parfaitement les lattes et les ardoises ou la toile cirée ;

3° La leçon finie, on roulera en grosses boules le reste de la pâte et les travaux qui ne doivent pas être conservés et, en attendant la leçon suivante, ces boules seront reléguées dans une cuvette où on veillera à ce que la pâte soit maintenue en bon état. C'est en effet une des conditions essentielles du succès de ces leçons, tant pour l'exécution des travaux que pour la propreté des petits ouvriers, que le matériel soit toujours *bien à point*.

1. Voir : L'ENFANT DE 2 A 6 ANS.

EXERCICES D'ORNEMENTATION

Les exercices ci-dessus doivent être simplement le point de départ de figures développées au gré des petits ouvriers.

EXERCICES PRÉPARATOIRES

I

1er *exercice*. — Faire des *boules* aussi parfaites que possible de diverses grosseurs données : soit comme un *pois*, une *cerise*, une *noisette*, etc. Ce travail n'exige aucun instrument et se fait simplement en roulant la pâte dans la paume des mains *dans tous les sens*.

2e *exercice*. — Transformer la boule en *fuseau* : ce résultat s'obtient aisément en roulant la boule précédente entre les paumes seulement *d'avant en arrière*.

3e *exercice*. — Disposer ces boules et fuseaux sur la toile cirée ou l'ardoise en suivant à peu près la graduation *ci-contre*.

II

Préparer des plaques de terre bien unie pour y disposer les motifs de boules, fuseaux et autres, ainsi que des décors des graines diverses, coquillages, cailloux, feuillage, bâtonnets, etc., etc.

1° La *plaque ronde*, la plus facile, résulte de l'aplatissement de la boule ;

2° La *plaque ovale* résulte à peu près de l'aplatissement du fuseau très peu évidé ;

3° La *plaque carrée* s'obtient assez facilement en rognant ou repliant les bords de la *plaquette ronde* et en égalisant ensuite. Pour rogner ainsi, la latte, ou un petit couteau de bois grossièrement taillé est fort utile ;

4° Ce petit outil est indispensable pour les formes variées avec échancrures plus ou moins profondes, figurées ci-dessus : croix, triangle, et pour toutes les formes plus compliquées que l'on désirera prendre comme fond d'un motif d'ornement quelconque.

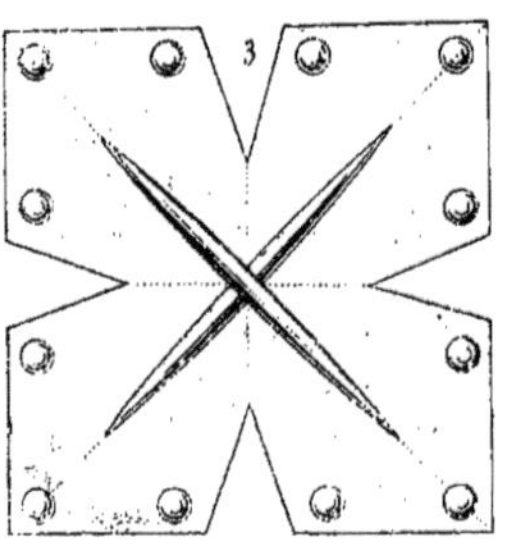

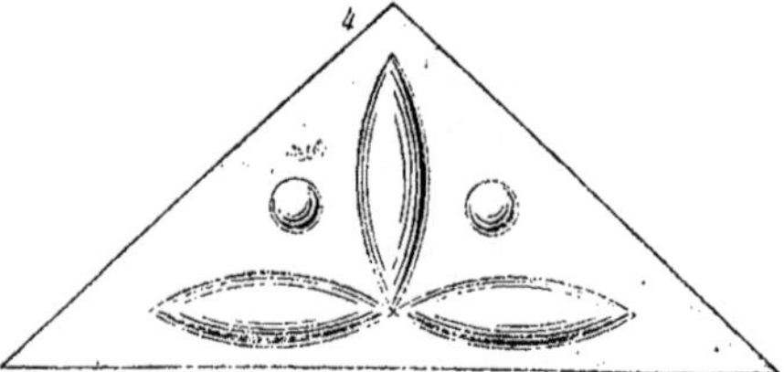

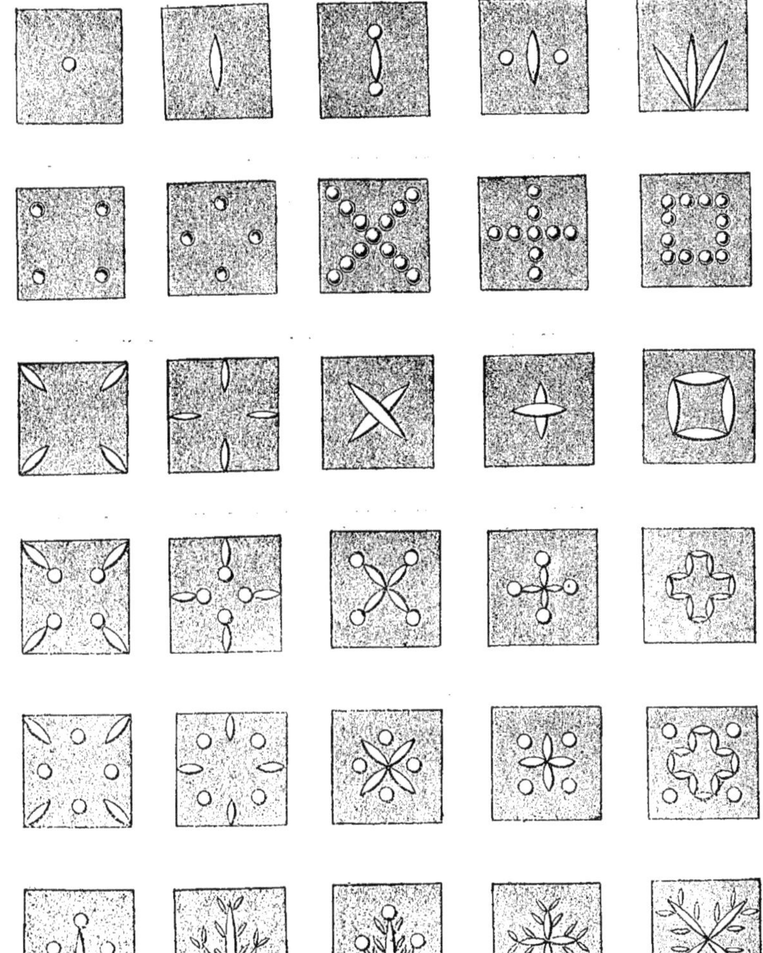

OBJETS USUELS

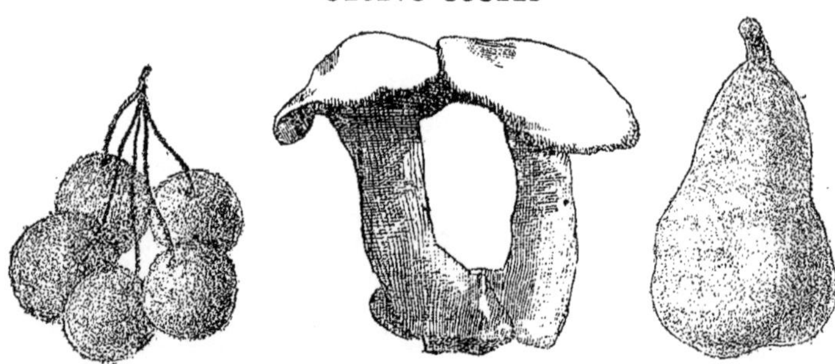

La boule est aussi le point de départ des objets usuels, et, selon ses dimensions et à l'aide de très petites modifications, elle deviendra : le *grain de raisin*, la *cerise*, la *prune*, la *noisette*, la *pomme*, etc., etc...

La boule se transforme facilement en **œuf** en la roulant légèrement entre les paumes des mains *seulement* en *avant* et en *arrière ;* on obtient ensuite avec quelques compressions ici ou là une *olive*, un *gland* sans sa coupelle, ou la miniature d'un *sac de blé*, d'une *saucisse*, d'un *concombre*, etc., etc.

L'œuf devient la *fraise*, la *poire*, le *navet*, le *radis*, la *rave*, la *carotte*, l'*oignon*, etc., si l'on *presse plus fortement* un des bouts, tout en roulant toujours la pâte entre les paumes. A peu près de même avec un aplatissement aussi complet que possible à un bout on fait le *pain de sucre*, la *bouteille*, le *vase de fleurs*, etc.

En *aplatissant*, au contraire, l'œuf d'un côté dans sa longueur, on obtient : la *miche de pain*, la *brioche*, etc.

Tous ces **objets pleins** sont d'une exécution facile et le résultat est charmant, surtout si l'on a soin de s'aider un peu de la nature : au temps du raisin, on conserve quelques *grappes* égrenées auxquelles on fixe les grains modelés, en s'efforçant toujours d'avoir un grappillon pour modèle vrai. On fera aussi provision de queues de cerises, de fraises, de pommes, etc., et même de cosses de noisettes et de coupelles de glands.

De même certains légumes feuillus : carotte, radis, rave, etc. ; on empruntera leurs feuilles si possible, sinon on les remplacera par des brins de mousse, mais en profitant justement de la substitution pour faire observer l'allure différente des deux verdures.

Les **objets évidés** sont d'un travail beaucoup plus difficile ; aussi en laisserons-nous l'initiative aux maîtresses ou élèves particulièrement intéressés par le modelage.

Disons seulement que le point de départ le plus simple continue à être la boule dans laquelle on enfonce simultanément les deux pouces en l'entourant d'ailleurs des autres doigts pour produire un trou que l'on modifie et régularise ensuite à volonté. Ainsi se font assez aisément parce que les rebords en sont assez épais : le *nid*, la *coupelle du gland*, en guillochant légèrement tout autour avec la pointe d'un brin de bois ; puis aussi la *tasse* avec une anse, etc.

DESSIN

BATONNETS — ANNEAUX

BATONNETS — ANNEAUX

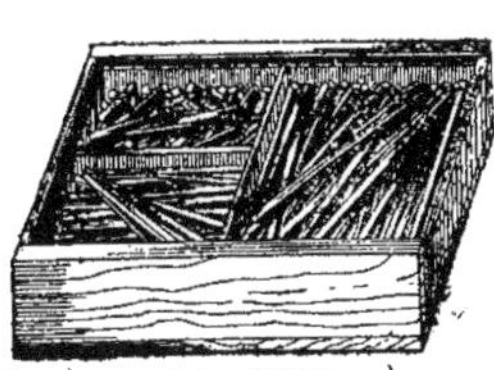 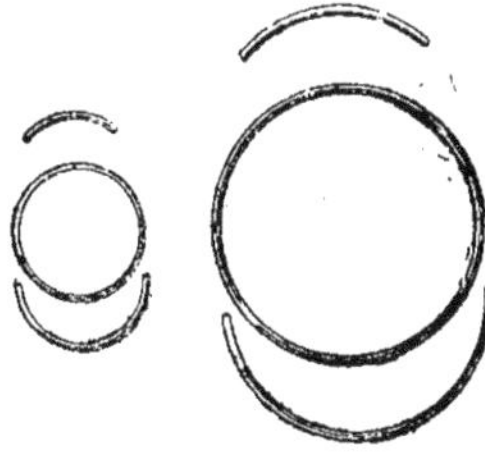

EXERCICES RÉCRÉATIFS

Notons tout d'abord que les bâtonnets et les anneaux se prêtent à des **exercices récréatifs** variés : jeux d'adresse de plus en plus délicats, cela va sans dire.

Pour les bâtonnets, ce sont, dans la première division, des exercices d'adresse, tels que de laisser tomber le bâtonnet d'une certaine hauteur dans la paume de la main, — ou dans un contenant quelconque, boîte à cubes, cornet de papier, etc., — ou à travers la main demi-fermée comme pour figurer un tube; facultativement la main peut ou non se resserrer au passage du bâtonnet pour le retenir, et l'élever ensuite triomphalement avant de recommencer le même exercice dans l'autre main.

Pour les grands, voici le bon vieux **jeu des jonchets** que la maîtresse fait jouer d'abord sur un escabeau devant elle pour enseigner par la pratique l'honnêteté et les égards mutuels, particulièrement nécessaires pour ce jeu, qu'elle ne laisse pratiquer hors de sa surveillance que lorsqu'il est bien entendu que toute tricherie et dispute sont interdites. Si l'on procède avec des bâtonnets de diverses longueurs, il sera bon de combiner les parts, en mettant, par exemple, pour un total de 21 pièces, 3 grands bâtonnets, 6 moyens et 12 petits.

En même temps, les anneaux pourront donner lieu à divers **jeux de grâce**; ainsi on établira sur une planche ronde ou carrée de 50 à 60 centimètres un certain nombre de clous de diverses longueurs et dans diverses dispositions, soit par exemple :

petit clou qui vaut 3 points.

moyen qui vaut 2 points.

très long qui vaut 1 point.

Cette cible étant posée à plat sur un escabeau, chaque joueur y lancera un certain nombre d'anneaux, et celui qui obtiendra le plus de points, soit par le nombre de coups, soit par leur valeur, gagnera la partie.

Même jeu en suspendant la cible contre un mur.

EXERCICES MÉTHODIQUES

Les **bâtonnets** ou **bûchettes** et les **anneaux** figurent la ligne. Aussi leur principal rôle est-il de servir à des exercices variés, *préparation du dessin.*

Ils ont sur les traits au crayon l'avantage de leur rigidité qui épargne à l'élève les difficultés du tracé et lui permet de concentrer toute son attention sur la position des lignes, soit dans des combinaisons symétriques, soit dans la figuration d'un contour d'objet. Cependant la difficulté reste encore assez grande, car la ténuité obligée du bâtonnet et de l'anneau les rend difficiles à saisir et à manier pour des menottes inexpérimentées ; de plus, leur légèreté les rend extrêmement mobiles : le moindre heurt, un souffle trop violent les déplace; il faut donc beaucoup de précaution et des efforts d'adresse.

D'ailleurs l'enfant, stimulé par les obstacles mêmes et la nouveauté de l'occupation, accueille les bâtonnets avec empressement, puis les anneaux qui dans le degré supérieur remplacent les bâtonnets pour l'étude des motifs de lignes courbes.

On fera donc réaliser chaque motif de dessin au moyen de bâtonnets ou d'anneaux posés sur quadrillages appropriés, soit en général de 5 centimètres ; ce quadrillage peut exister sur la table même, ou mieux sur des plaques de cartons gris afin que l'on puisse à volonté faire répéter le modèle sans le secours du quadrillage, c'est-à-dire sur l'autre côté du carton ou sur la table elle-même.

Mais, sitôt le dessin bien établi, on accordera aux enfants la récompense très enviée en général de le reproduire à la craie sur ardoise, dans la section inférieure, et plus tard au crayon sur papier. — C'est ainsi que les bâtonnets comme les anneaux cèdent journellement la place au dessin proprement dit, et journellement aussi viennent à son secours, pour faire vaincre successivement les difficultés en les divisant comme suit :

1° Lignes rigides *sur* quadrillage,
2°   —   *sans* quadrillage,
3° Traits de dessin *sur* quadrillage,
4°   —   *sans* quadrillage.

Cette succession de procédés, qui n'est pas absolue et peut être allégée tantôt d'un côté, tantôt de l'autre, met une grande variété dans les leçons de dessin, tout en concourant à un précieux résultat d'ensemble.

En effet, tandis que les élèves les plus habiles sont occupés et tenus en haleine par ces diverses formes d'un même travail, ceux qui sont plus longtemps arrêtés ici ou là en route n'en prennent pas moins leur part de l'enseignement général ; car, savoir dessiner, ce n'est pas seulement tracer des lignes, c'est *d'abord les bien voir.* L'adresse manuelle ne peut se développer qu'avec le temps et par *des efforts plus répétés que prolongés.*

Quant aux modèles à proposer, ce sont successivement ceux qui forment la méthode de dessin (voir p. 64 et suivantes). Cependant, pour les débutants, nous avons établi une série préliminaire tout particulièrement simple, grâce au nombre restreint de bâtonnets employés et à la netteté des figures proposées.

Il va sans dire qu'à la fin de chaque exercice un moment de liberté absolue est accordé aux enfants pour qu'ils réunissent à leur gré leurs bâtonnets ou leurs anneaux en nouvelles combinaisons, dessins symétriques ou fantaisistes, comme nous en présentons d'ailleurs quelques-uns pour mettre sur la voie. (Voir **page** suivante : chaises, girouettes, quelques maisons, etc.)

Spécimens de dessins réduits de moitié, exécutés par des enfants de 6 ans 1/2 et 7 ans.

Très fréquemment, et surtout après chaque récit, lecture d'image, exercice de langage, etc., les enfants sont invités à dessiner librement, selon leurs souvenirs ou leur imagination, telles scènes qu'il leur plaît. Parfois encore on propose à toute la classe un travail d'ensemble, soit par exemple les principaux faits d'une histoire racontée, d'une scène décrite. Dans les modèles ci-dessus, on avait demandé aux enfants de dessiner leurs souvenirs d'une journée à la campagne.

DEUX

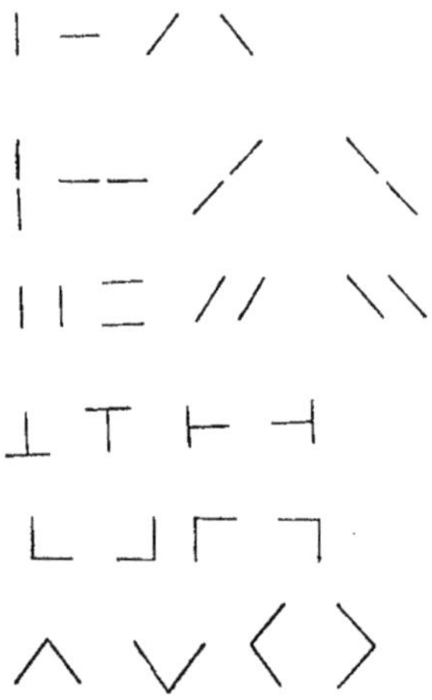

TROIS

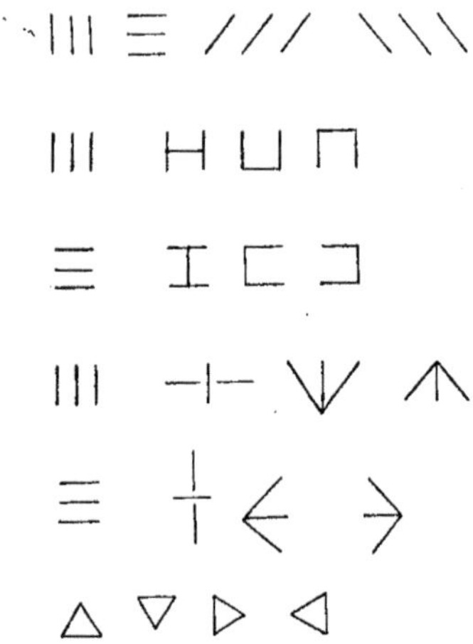

QUATRE

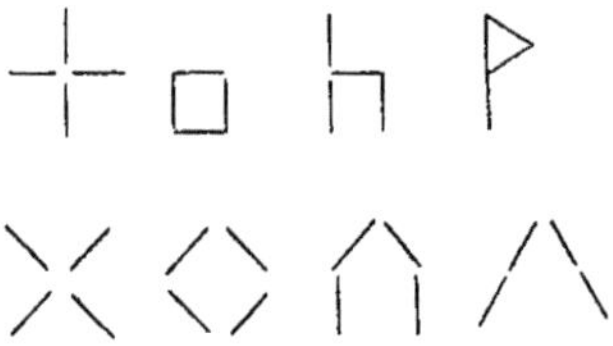

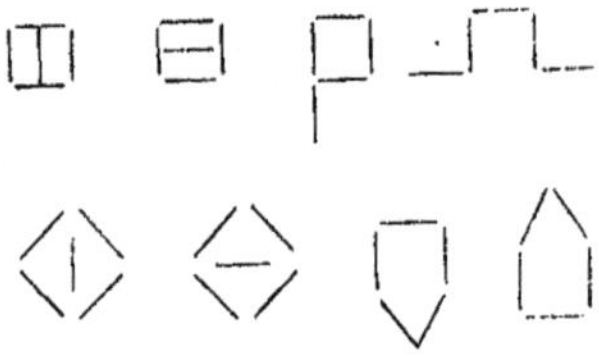

SIX

CINQ

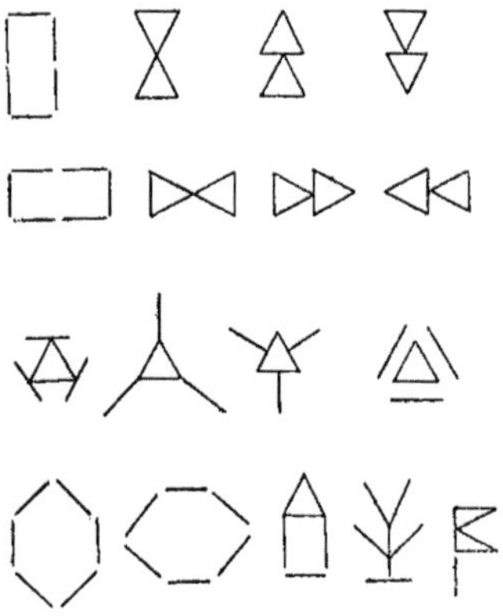

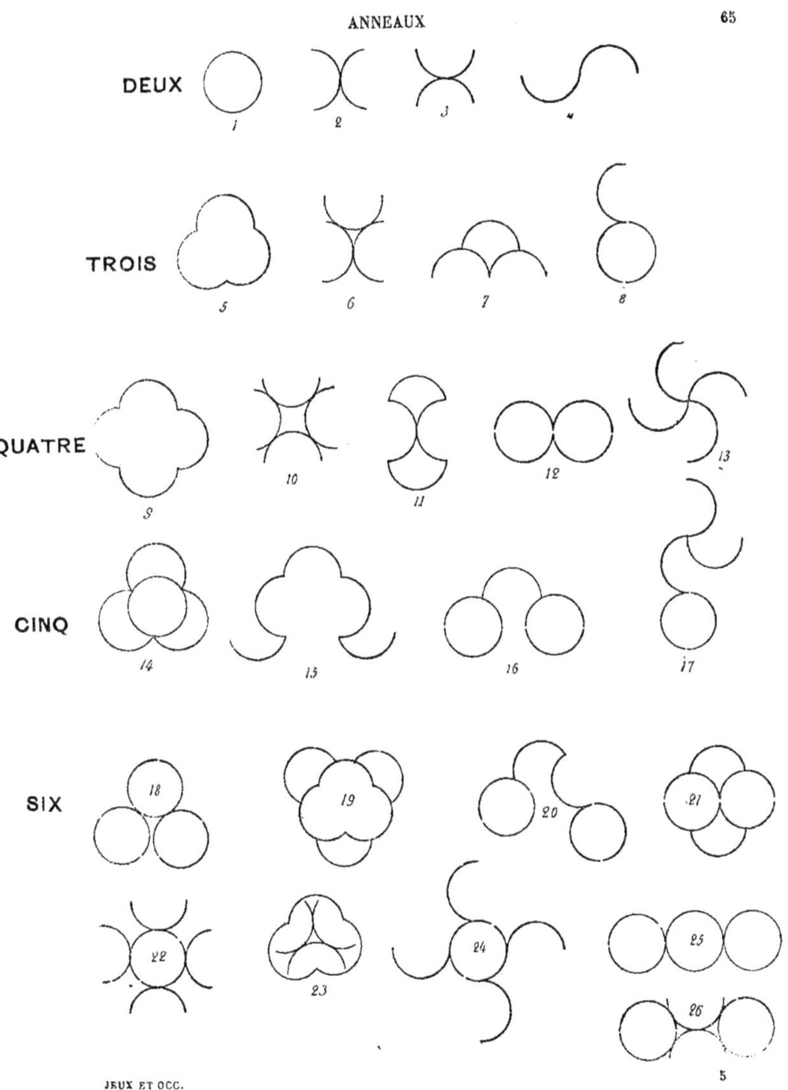

DEUX
1
2
3
4
TROIS
5
6
7
8
QUATRE
9
10
11
12
13
CINQ
14
15
16
17
SIX
18
19
20
21
22
23
24
25
26

SIGNES ABRÉVIATIFS :
V. H. Verticales et Horizontales. — O. Obliques. — C. Courbes.

Rappelons les divers matériels que la leçon de dessin emploie *successivement* ou *alternativement :*

1° Des *bâtonnets* ou des *lattes* pour les lignes droites (verticales, horizontales et obliques), des *fragments d'anneaux* pour les courbes, le tout posé sur les tables suivant le modèle *inscrit* au tableau ou *dicté ;*

2° Le *crayon* et l'*ardoise quadrillée* pour faire une première copie facile à modifier et corriger ;

3° Le *crayon* mine de plomb et le *papier quadrillé* pour une seconde copie ;

4° Le *crayon* et le *papier non quadrillé.*

Ces quatre échelons sont aisément parcourus par les élèves habiles, les autres s'arrêtent ici ou là aux degrés intermédiaires, mais toute la même classe est appliquée au même modèle à la fois.

Tous les motifs peuvent être figurés par lignes verticales, horizontales et courbes, ce qui en change parfois absolument l'aspect ; pour les premiers modèles, cependant, le même motif est très reconnaissable dans les trois catégories ainsi qu'on le voit dès d'abord en les comparant.

COMPARER :

Vert. et horiz.	Obliques.	Courbes.
Nos 1, 2,	1, 2, 3,	1, 2,
— 3, 4,	4,	3, 4,
— 5,	5,	5,
— 6, 7, 8, 9	»	6, 7, 8, 9,

Plus tard, au contraire, les résultats sont extrêmement différents selon les lignes employées, en sorte qu'il est particulièrement intéressant de proposer aux élèves avancés ce genre de composition : « Tel motif a été exécuté en lignes verticales et horizontales. Répétez-le en lignes obliques... ou en lignes légèrement courbes (1/4 de circonférence). »

Par la *réunion* de *deux motifs* ou la recherche du *motif contraire*, c'est-à-dire qui diffère absolument du précédent, on obtient des combinaisons toutes nouvelles.

Sont, par exemple, appelés *motifs contraires* pour les lignes verticales et horizontales les numéros 13 et 14, parce que, dans le premier, toutes les lignes verticales sont le double des lignes horizontales, ce qui est justement inverse dans le numéro 14.

Sont *motifs réunis* pour les lignes courbes le numéro 15, qui est composé des numéros 9 et 13.

MOTIFS NOUVEAUX

Proposer par exemple pour les lignes verticales et horizontales les combinaisons suivantes qui ne figurent pas ici.

Réunir 11 avec 13. — Ce motif correspondra au motif 11 des obliques.

Réunir 11 avec 14. — Ce motif correspondra au numéro 10 des obliques.

Répéter en courbes le numéro 14 des lignes horizontales et verticales.

Idem, pour le numéro 17.

Faire en lignes obliques le numéro 15 des lignes horizontales et verticales, ce qui produira des carrés posés sur un angle, etc., etc.

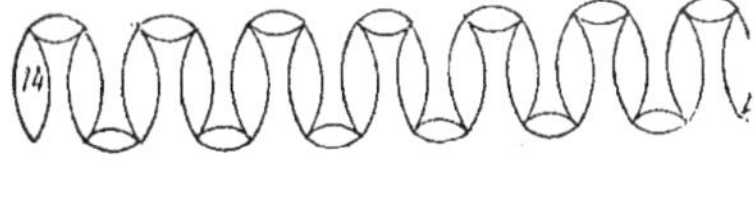

COMPARER :

N°ˢ	Vert. et horiz.	Obliques.	Courbes.
Nᵒˢ	11	13	9 et 10
—	12	14	»
—	13	15	13
—	14	16 et 17	»
—	15	»	16
—	»	11	15

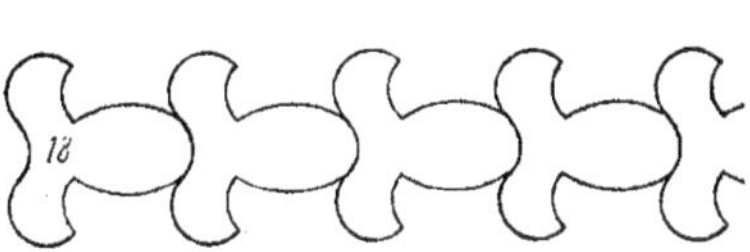

DESSINS NOUVEAUX

N° 26. V. H. à répéter en courbes.
— 27.   Id.
— 18,22. C. à répéter en droites.

DESSINS

A FAIRE EN DEUX COULEURS

N° 26. V. H.
— 27. —
— 31. —
— 19. O.
— 21. —
— 20. C.
— 21. —

Dans tous ces dessins, étant donné les
lignes extérieures d'une couleur, celles
de l'intérieur seront d'une couleur différente.

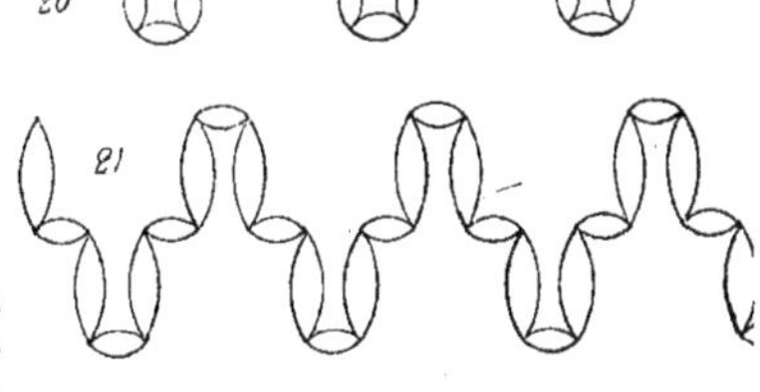

COMPARER :

Lignes.	Vert. et horiz.	Obliques.	Courbes.
N°ˢ	28	24	19
—	28	22	19
—	29	»	21
—	30	»	23
—	»	25	24

MOTIFS DE CENTRE

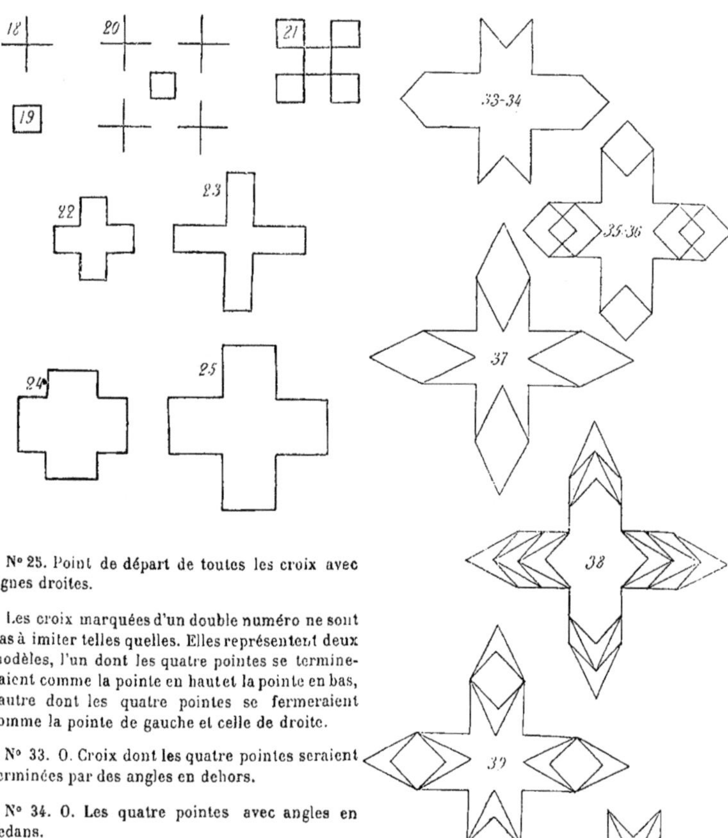

N° 25. Point de départ de toutes les croix avec lignes droites.

Les croix marquées d'un double numéro ne sont pas à imiter telles quelles. Elles représentent deux modèles, l'un dont les quatre pointes se termineraient comme la pointe en haut et la pointe en bas, l'autre dont les quatre pointes se fermeraient comme la pointe de gauche et celle de droite.

N° 33. O. Croix dont les quatre pointes seraient terminées par des angles en dehors.

N° 34. O. Les quatre pointes avec angles en dedans.

N° 35. O. Croix fermée par un carré.

N° 36. O. Croix fermée par deux carrés emboîtés l'un dans l'autre.

Même observation pour 25-26, 27-28, C.

MOTIFS DE CENTRE

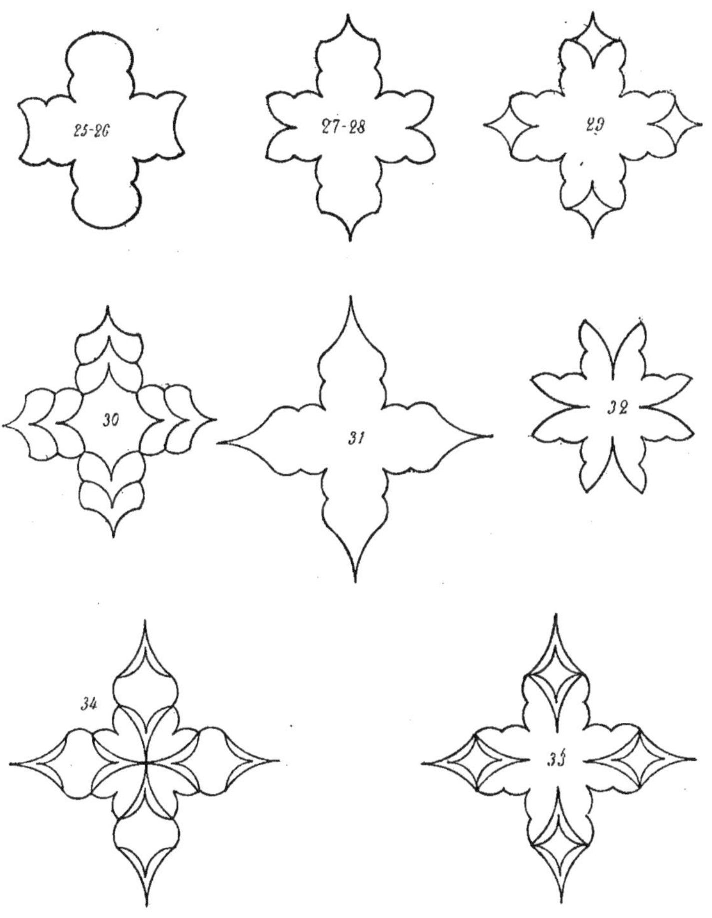

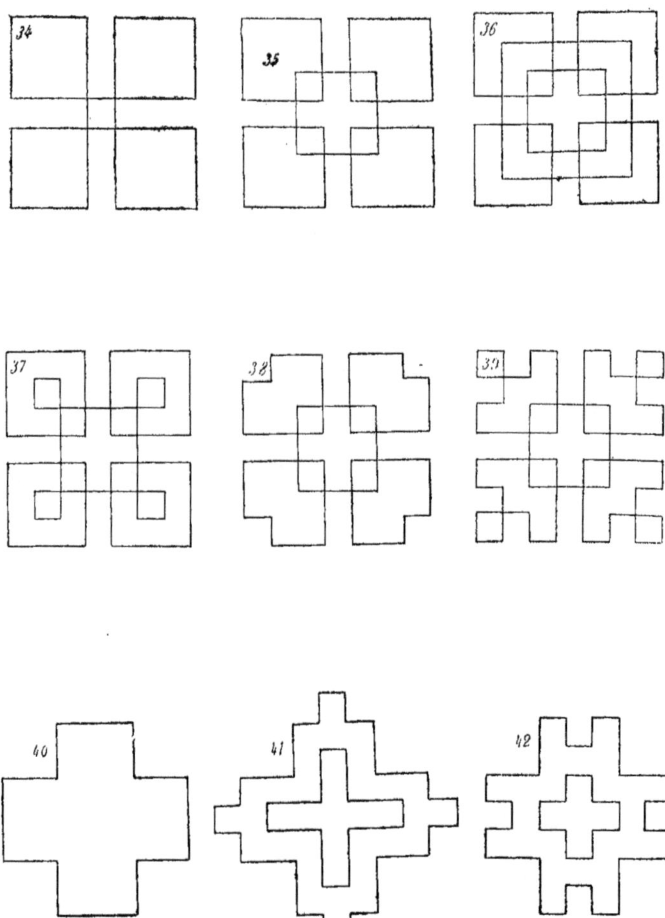

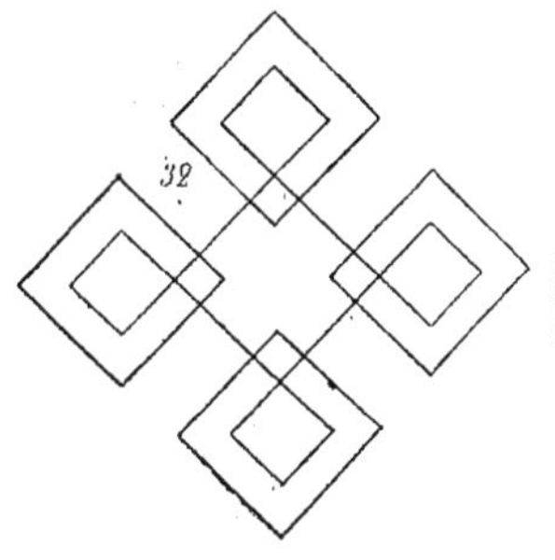

COMPARER :

35 VH. à 30 O.
38 VH. à 31 O. et 38 *bis* C.
37 VH. à 32 O.

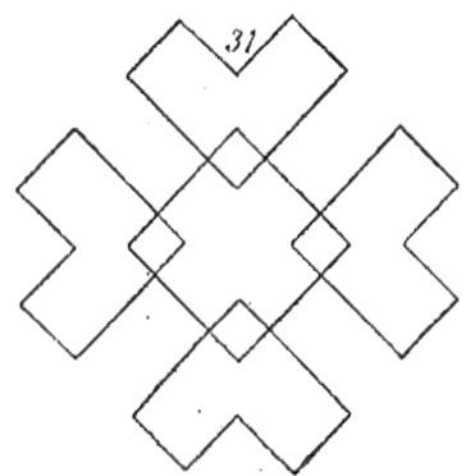

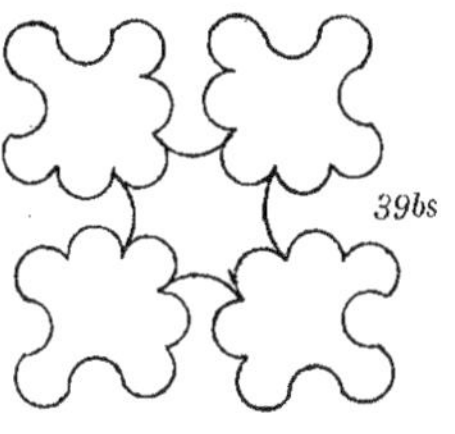

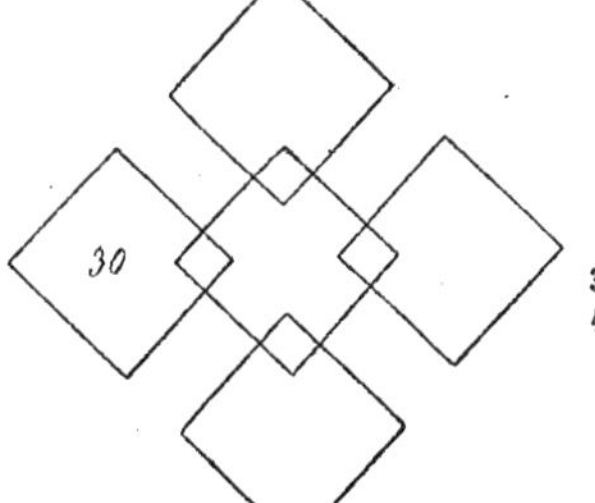

COMPARER :

39 VH. à 39 *bis* C.
42 VH. à 42 *bis* C.

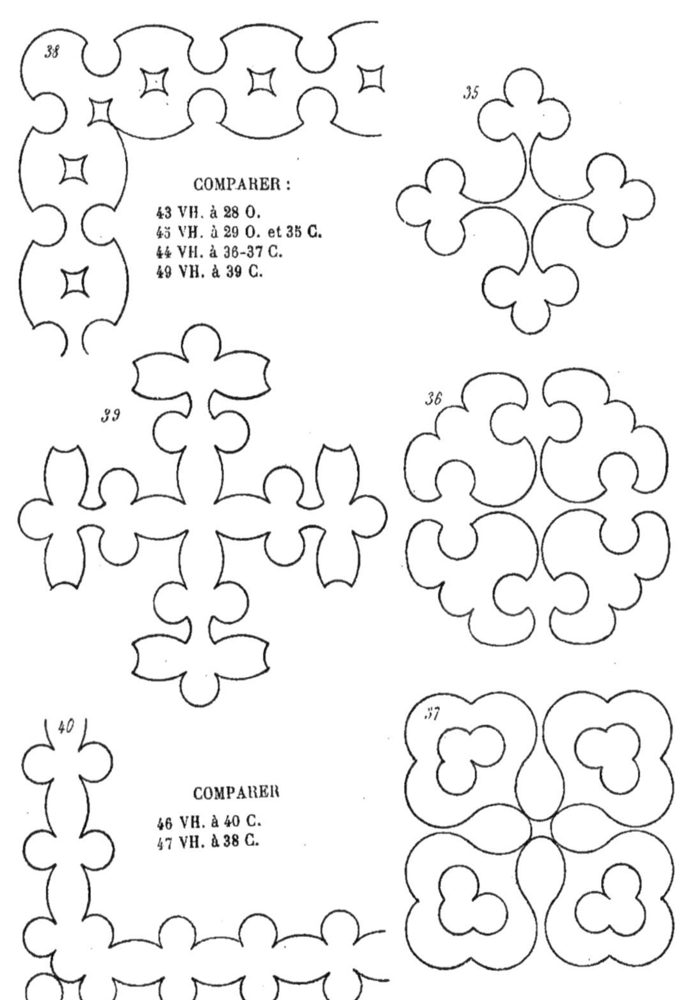

COMPARER :

43 VH. à 28 O.
45 VH. à 29 O. et 35 C.
44 VH. à 36-37 C.
49 VH. à 39 C.

COMPARER

46 VH. à 40 C.
47 VH. à 38 C.

49
50
51
52
53
54
55

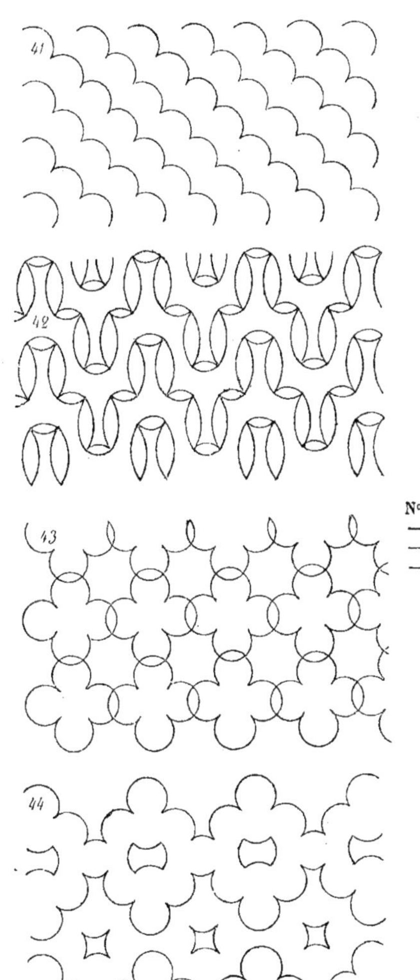

COMPARER :

Nᵒˢ	Lignes vert. et horiz.	Obliques.	Courbes.
Nᵒˢ	51	»	41
—	52	»	44
—	53	»	42
—	»	52	43

NOTE

Le rôle des bâtonnets ne s'arrête pas au dessin comme celui des anneaux ; il en a au contraire un très important à remplir pour l'*enseignement du calcul ;* — non qu'il ne puisse et ne doive souvent être remplacé par mainte autre chose : coquillages, marrons, boutons, bobines, dominos, etc., etc. Mais aucun de ces objets n'est aussi simple et sobre de forme que le bâtonnet, en sorte que le peu de place qu'il occupe permet de le garder toujours sous la main.

Or, il ne saurait être question à l'école maternelle de bien faire une leçon de calcul sans que les élèves aient entre les mains de quoi additionner, soustraire, multiplier et diviser au vrai, de quelque nombre qu'il s'agisse ; mais les petits nombres seuls doivent occuper les petits enfants, cela va sans dire. On objectera peut-être à cela que de très bonne heure presque tous les enfants arrivent à débiter dans un ordre plus ou moins exact une kyrielle de nombres appris on ne sait où et dont ils comprennent encore moins la valeur qu'un perroquet ne comprend les mots dont il se fait l'écho. Ce n'est point là savoir compter ; et un grand nombre d'expériences sont nécessaires à l'enfant pour qu'il saisisse le sens des noms de nombres, ne serait-ce que des dix premiers.

Les Latins donnaient, paraît-il, cet enseignement aux écoliers au moyen de cailloux ; rien n'empêche d'en faire autant et même d'emprunter bien d'autres objets de la vie usuelle. Nous le répétons, toutes les mamans font montrer sur les doigts combien on a reçu de bonbons, le père fait compter les mouillettes qu'il a préparées pour l'enfant et remarquer, les changements que son appétit apporte dans leur nombre et aussi peut-être dans leur longueur.

Eh bien ! les bâtonnets sont justement précieux pour faire renouveler ces expériences dans de petites leçons en forme, et assurer les notions acquises par des exercices méthodiques et répétés.

Par exemple : Posez sur la table autant de bâtonnets qu'il **y a de doigts à une de** vos menottes comptez-les un à un ; combien cela en fait-il ?
Otez celui du milieu ; combien en reste-t-il ?
Remettez-le et ôtez celui du commencement ; combien y en a-t-il cette fois ?
Et si vous ôtez le dernier ?
Cinq moins un, cela fait donc quatre.
Et combien font quatre et un ?
Montrez-le par votre arrangement : quatre bûchettes rapprochées et une moins près.
Cette bûchette toute seule est trop mince, amenez-en une du tas des quatre.
Comment sont vos tas maintenant ?
Combien cela fait-il en tout ?
Laissez-les ainsi et faites au-dessous un tas comme avant (quatre et un).
Lequel fait juste cinq ? Comptez bien tous les deux ; etc., etc.

Depuis le groupement qui contient deux bâtonnets (autant que l'enfant a de mains) jusqu'à celui qui en compte dix (comme ses doigts), il y a des exercices innombrables, et l'on peut aller au delà lorsque les notions acquises et l'intelligence le permettent. Mais, alors même et fort longtemps les bâtonnets sont utiles, — en dernier lieu, comme moyen de vérification d'un calcul mental hésitant ou erroné.

PIQUAGE ET BRODERIE

PIQUAGE ET BRODERIE

PIQUAGE

Le **piquage** proprement dit consiste en un pointillé plus ou moins serré, exécuté avec une épingle dans un papier posé à plat sur une surface molle, feutre, drap, molleton. Le pointillé figure d'ordinaire soit un motif d'ornement, soit une silhouette d'objet. Dans ce dernier cas, on ajoute souvent au perforage du contour un pointillage intérieur très fin, exécuté à petits coups légers et pressés à l'envers du papier, ce qui produit une espèce de relief : tels sont les modèles ci-dessous; mais ce *pointillage intérieur* produit facilement la crispation des doigts trop longtemps

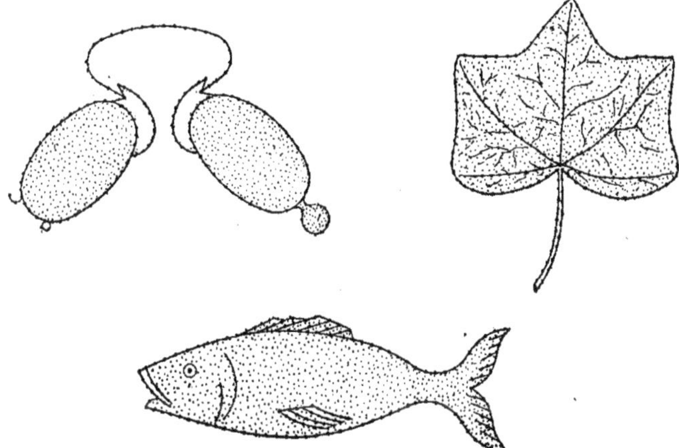

retenus sur un même point autour du fort petit outil qu'est une épingle; d'autre part, le *pointillage des contours* suppose un effort considérable de la vue, car les points extérieurs doivent être nets et régulièrement espacés. Le piquage doit donc être pratiqué avec *modération*, malgré la gentillesse des résultats. — Il ne doit cependant pas être abandonné tout à fait : 1° parce qu'il est la préparation de la *broderie* et de la *couture*, qui sont l'une et l'autre des trous régulièrement espacés traversés par un fil; 2° parce qu'il offre le moyen de suppléer aux ciseaux pour le *découpage* de certaines images : en effet, un pointillé extérieur bien fait, c'est-à-dire régulier et suffisamment serré, pratiqué autour d'une figure qui ne présente pas de parties trop déliées, permet de la détacher de son cadre, comme on fait des timbres-poste. Certains de nos modèles de déchiquetage ont été empruntés à des motifs ainsi extraits de divers catalogues : le sapin, l'urne, les bas, etc.; les enfants les ayant isolés par perforage les ont dessinés pour les déchiqueter ensuite.

BRODERIE

La **broderie** à l'école maternelle consiste en un travail de fils tendus, sur du papier, du carton ou quelquefois une étoffe, pour établir soit un motif d'ornement, soit les contours d'un objet.

L'enfant *prépare* donc, ou plus ordinairement *reçoit* tout *préparé*, un dessin au trait dont il doit recouvrir toutes les lignes. Ces dessins doivent être de simples silhouettes sans enchevêtrements de lignes, pour éviter que l'enfant s'y embrouille et que son travail devienne très long, ainsi à peu près le cheval et la vache ci-contre et tous les motifs de nos dessins en lignes droites ; les feuillages, en outre, fournissent d'excellents modèles très simples à obtenir sur papier : l'enfant est invité à poser une feuille quelconque sur du papier et à l'y maintenir solidement de la main gauche, pendant que la main droite suit les contours avec la pointe d'un crayon ; on peut de même faire prendre à peu près l'empreinte de certains objets plats : les ciseaux, le lorgnon, un couteau, etc. Parfois il faut un trait ajouté ici ou là par la maîtresse pour compléter la silhouette.

D'autres fois l'enfant reçoit un carton pointillé ou quadrillé, ou du drap perforé sur lequel il doit disposer ses fils, soit à sa guise, soit d'après un certain modèle ; tel est le cas pour les modèles des pages 86 à 88 : le carton étant pointillé comme le n° 1, on fera exécuter successivement les dix-sept combinaisons suivantes. Ces modèles, qui sont des points de tapisserie pour la plupart, se prêtent à des nuançages des plus intéressants pour la 2ᵉ et la 3ᵉ page : ainsi on établira les motifs d'un même carré en teintes dégradées d'une même couleur, ou bien on fera semblables deux par deux en teintes harmonieuses les motifs qui se font vis-à-vis, etc.

Il sera bon de mettre le piquage et la broderie des objets usuels en rapport avec l'enseignement des notions usuelles, et le piquage et la broderie des motifs d'ornement en relation avec les exercices de dessin du même genre.

La leçon de broderie proprement dite doit presque toujours être précédée de la préparation du travail, c'est-à-dire du perforage qui établit des trous à des distances régulières et déterminées. Ce travail n'est pas sans offrir une certaine difficulté, soit parce que les points doivent être très régulièrement espacés, soit parce que leur éloignement doit être en général d'un demi-centimètre pour que le papier ne risque pas d'être déchiré en brodant ; or, les enfants ont la tendance à rapprocher beaucoup plus ; enfin il faut tenir compte des changements de direction qui doivent toujours être marqués par un point.

Il faut donc recourir d'abord à quelques exercices méthodiques, soit le piquage et la broderie des premiers exercices de dessin *sur papier quadrillé*, qui permet d'apprécier les distances très exactement ; et c'est seulement quand ces exercices se feront facilement avec certitude qu'on essaiera des objets usuels. L'enfant doit aussi apprendre à préparer son aiguille qu'il reçoit *non enfilée* ; aussi les premières leçons doivent-elles toujours commencer par des *exercices d'enfilage*, et un enfant ne doit être admis à passer plus avant que lorsqu'il a acquis l'habileté nécessaire pour défier l'accident d'une aiguille défilée. De cette façon seule on peut éviter ces classes houleuses où la moitié des élèves est désœuvrée, attendant pour ses aiguilles le secours de la maîtresse.

BRODERIE

OBJETS USUELS, ANIMAUX, ETC.

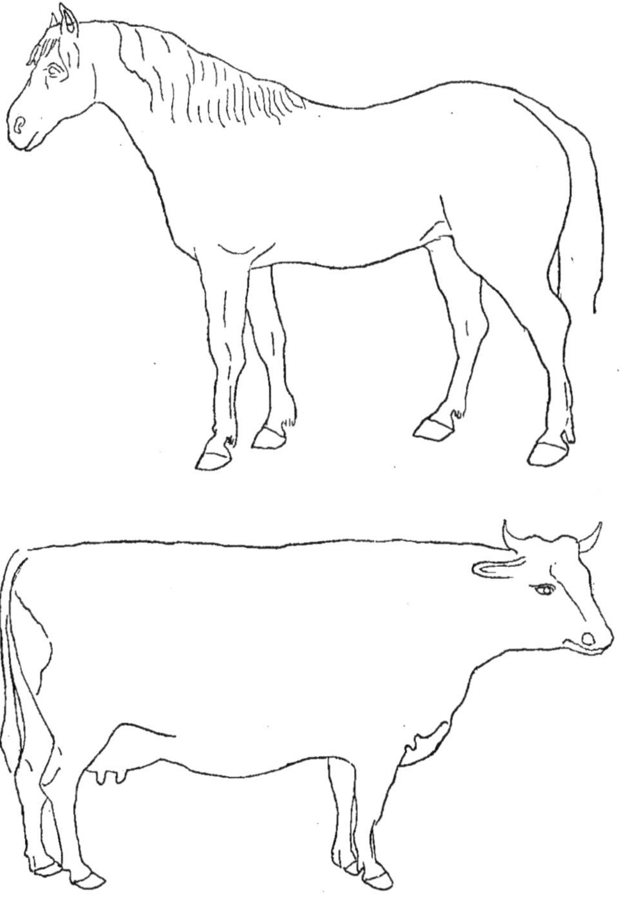

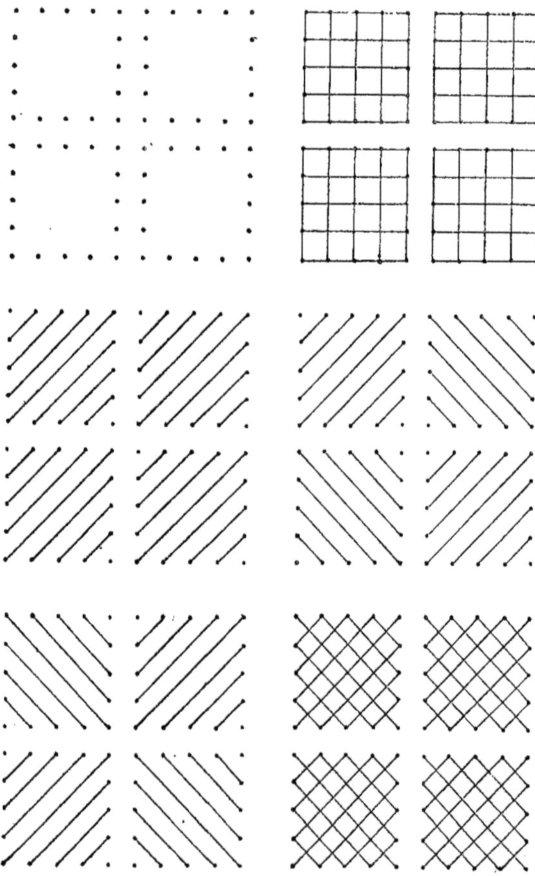

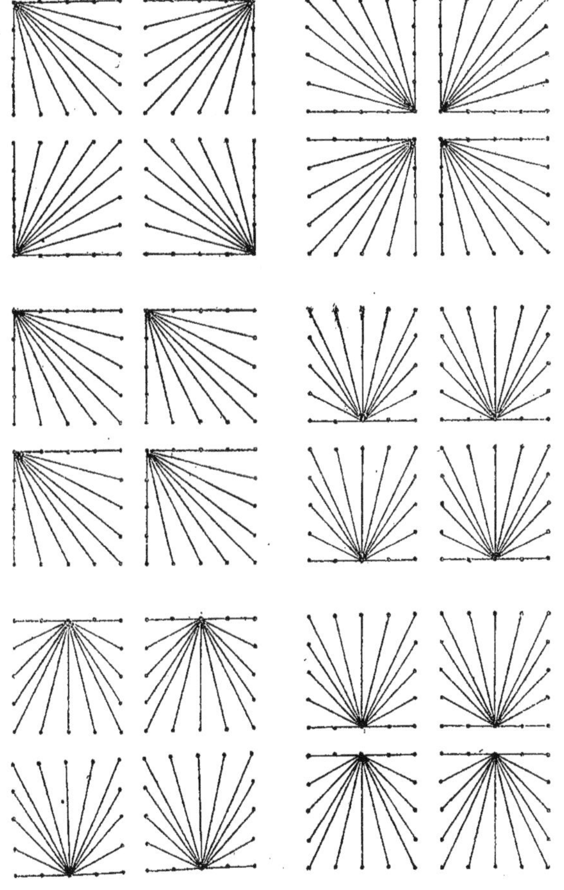

Tous les travaux de broderie appliqués à la décoration d'objets usuels sont d'abord dessinés sur un papier quadrillé placé sur une plaque de carton. Le dessin terminé, on en pique les contours, on enlève la chemise de papier et on exécute le dessin à l'aide des points marqués sur le carton. (Sur les modèles ci-après, les pointillés marquent les plis à faire pour établir les objets. Les lignes pleines extérieures indiquent les contours qu'il faut suivre en découpant ; celles de l'intérieur figurent les dessins proposés.)

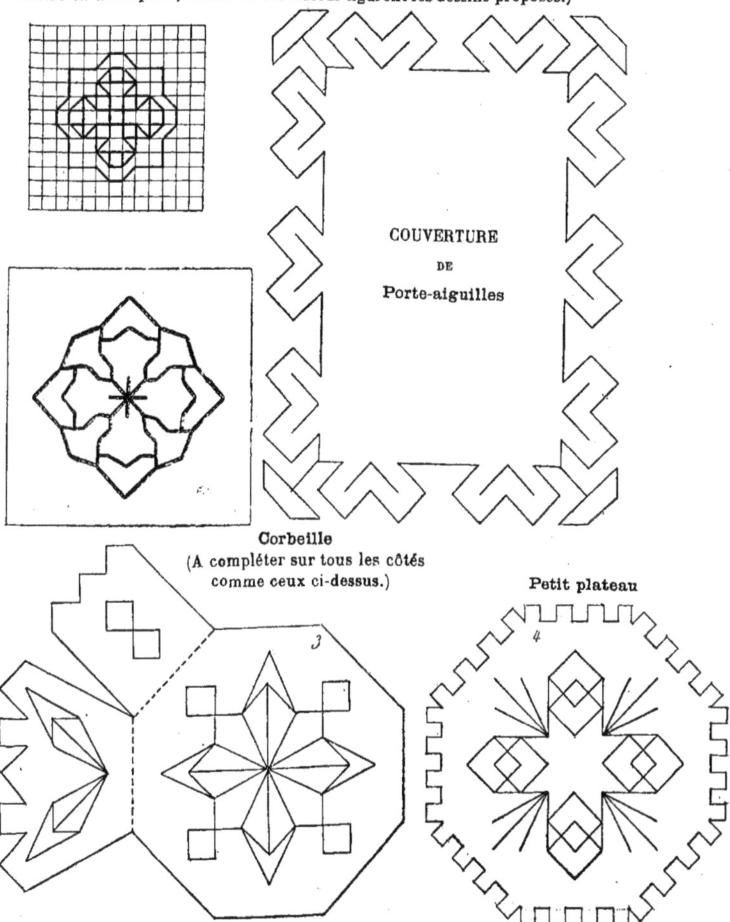

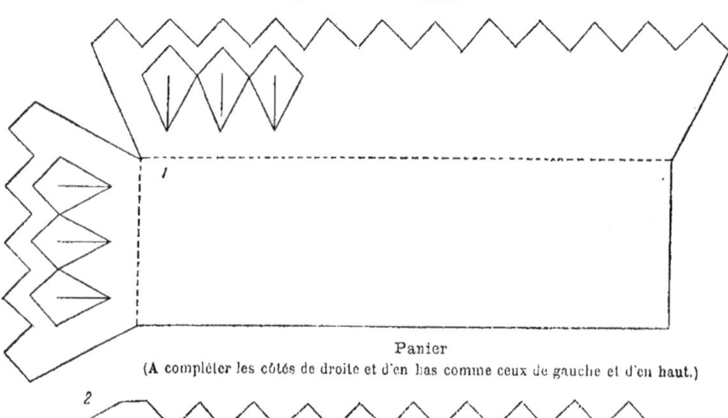

Panier
(A compléter les côtés de droite et d'en bas comme ceux de gauche et d'en haut.)

Moitié de l'anse du panier (à terminer)

Les enfants exercés au piquage et à la broderie acquièrent une adresse qui les amène tout naturellement à la couture proprement dite, au moins sur étoffe lâche comme l'étamine ; nous présentons ici le tableau des différents points enseignés par la broderie et répétés sur étamine ; ce sont, en partant de l'intérieur :

1ᵉʳ Rang : *point devant* ou *point glissé ;*
2ᵉ — : *point arrière* ou *piqûre ;*
3ᵉ — : *surjet ;*
4ᵉ — : *reprise ;*
5ᵉ — : *point de marque ;*

Enfin, la *pose des boutons*, c'est-à-dire *tous* les points essentiels afin que l'enfant soit le plus tôt possible à même de réparer au jour le jour les accidents arrivés à ses petits vêtements et de les tenir en ordre.

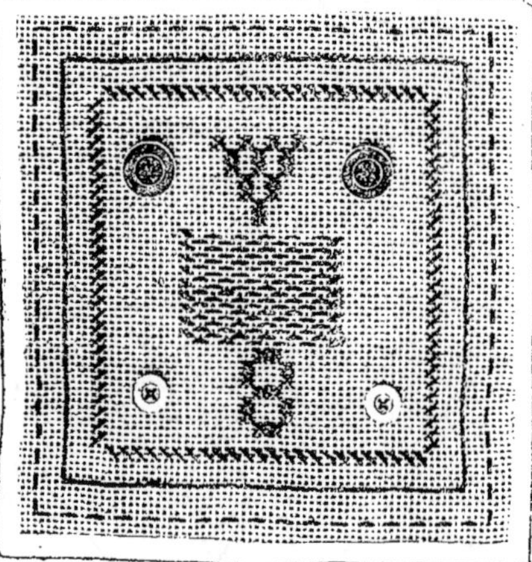

ENLACEMENT

ET

TRESSAGE

ENLACEMENT ET TRESSAGE

L'**enlacement** et le **tressage** comportent simultanément ou successivement des exercices *en papier, en papier et paille, en rafia, en jonc, en ficelle*, etc.

Le **tressage** proprement dit peut se faire en tout matériel souple et filamenteux. A l'école maternelle, on y emploie surtout le rafia, les joncs, la ficelle, la paille ; les nattes diverses à 3, 4, 5, 6 brins et davantage ainsi obtenues sont assujetties les unes aux autres pour former des objets usuels, particulièrement jolis en paille : *petites corbeilles, dessous de plats, chapeaux*, etc.

Le **tressage en papier** comporte plutôt un entrelacement de bandelettes que du tressage proprement dit.

On emploie des bandes de papiers à tissage, et c'est ainsi que sont exécutés les modèles ci-contre.

Quoique ce travail ait l'air particulièrement délicat, les enfants y réussissent assez facilement si l'on en juge par la faveur dont il jouit dans les écoles.

Le tissage en papier se prête à la confection de quelques petits objets usuels : *signets de livres, encadrement* pour petites gravures, etc. ; le n° 9 fait particulièrement bien pour cet usage.

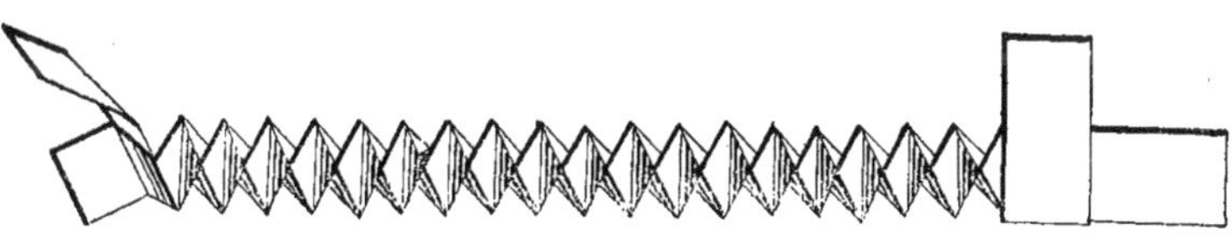

L'**accordéon** ou *escalier de souris* est un des premiers exercices de **tressage** que réussissent les enfants : ces deux bandes qui se rabattent sans cesse l'une sur l'autre ne semblent leur donner que peu de peine à manier. On variera les exercices en donnant des bandes plus ou moins larges et de couleurs diverses ; de très longues bandes larges de 4 à 5 centimètres forment de jolis motifs pour la décoration des classes, mais le maniement en est difficile.

N° 1. — **Enlacement** à 2 bandes de couleurs différentes, l'une s'enroulant à plat autour de l'autre.

N° 2. — **Enlacement** à 4 bandes, deux rubans en enlaçant deux autres (très solide pourvu qu'on fixe les bouts).

N° 3. — **Feston** à une bande. Peut se faire comme au modèle sans jamais retourner le papier ou bien en le retournant à la pointe de chaque feston.

N° 3 *bis*. — **Variante :** Appliquer deux bandes de différentes couleurs l'une sur l'autre et faire le feston par le second procédé indiqué avec lequel le papier se retourne, en sorte que ces plis amènent par-dessus tantôt une des bandes, tantôt l'autre.

N° 4. — Même travail qu'au n° 3 avec intercalation d'une bande entre les festons.

N° 4 *bis*. — **Variante :** Même bariolage qu'au n° 3 en employant pour faire ce feston deux bandes de couleurs différentes exactement repliées ensemble.

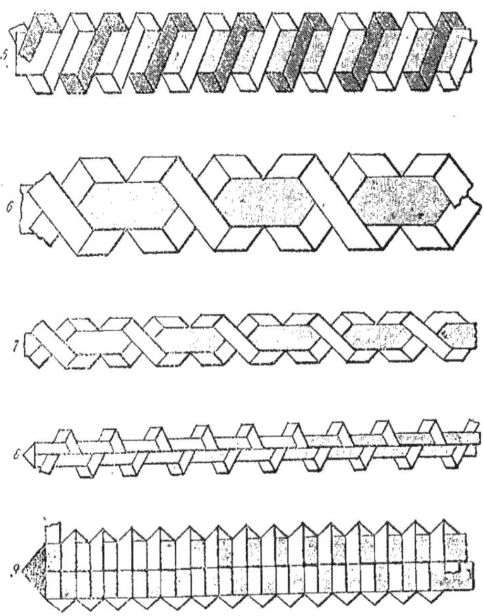

A noter que le n° 9, qui est le redoublement du modèle 4, se prêterait fort bien à être encore élargi par l'adjonction d'une ou plusieurs bandes horizontales ; cela complique seulement un peu le travail. De plus, tous ces modèles pourraient être *grandis* par le simple emploi de bandes de plus en plus larges.

C'est le **tressage** qui prépare la **vannerie**, joli travail pour l'école primaire, car il demande des doigts déjà robustes; il y a d'ailleurs toujours passablement de difficultés à avoir régulièrement de l'osier assez souple et bien à point.

Du moins peut-on très bien faire dès la classe maternelle ce que les petits bergers fabriquent sous le nom de *fromagères*. Quatre bâtons minces de même grosseur sont mis en croix et on passe des uns aux autres soit des joncs, soit des pailles, jusqu'à ce qu'on arrive vers les bouts des bâtons. Alors on arrête le dernier fil en le nouant, ou le glissant sous quelques autres, et voilà comme une assiette carrée où les ménagères posent leurs fromages sans crainte qu'ils se gâtent, car l'air circule pardessous entre les petits intervalles des pailles.

On peut augmenter le nombre des bâtons et on obtient ainsi des assiettes à 6, 8 et 10 côtés, etc.; si les bâtons entre-croisés sont suffisamment flexibles, on peut les recourber un peu vers le bout tout en continuant de mettre des joncs, ce qui produit un rebord (*acheminement vers la corbeille et le panier du vannier*).

PARFILAGE ET TISSAGE

PARFILAGE ET TISSAGE

I. — Le tissage a pour contraire le parfilage particulièrement facile, et accessible aux tout petits.

Ce tirage de fil s'exécute d'abord au hasard. Mais toujours en recueillant soigneusement tous les débris, utiles pour bourrages variés : oreillers et matelas de poupées, balles (voir p. 12), etc.

avoir des étoffes rayées on fait faire des études pratiques de couleurs en prescrivant de réunir à part les fils ds chaque teinte.

Enfin, en faisant tirer seulement certains fils dans les deux sens, on obtient des effets de *jours* de lingerie. Mais ce travail demande des tissus lâches, et une attention qui en fait une

Ensuite, si l'on peut occupation d'enfants déjà habiles. Il est d'ailleurs si facile à imaginer que nous ne croyons pas devoir en donner de modèles.

II. — Le tissage comporte :

1° Des *exercices méthodiques* gradués ;

2° Des *motifs d'ornement ;*

3° L'*invention* de nouveaux motifs par l'imitation d'objets usuels (*feuilles, fruits, animaux,* etc.), comme on en voit par exemple dans le linge de table. Ces derniers travaux étant fort longs et compliqués (ils conviendraient surtout à l'école primaire), nous n'en donnons pas d'exemple.

Emploi : 1° *Tissages de papier :* Revêtement de petites surfaces planes, cahiers, boîtes, etc.;

2° *Tissage de papier et paille ou de copeaux :* Petits objets, boîtes, corbeilles, vide-poches, meubles de poupées, etc.;

3° *Tissage de laine :* Petits objets, tapis, couvre-pieds, etc.

Le tissage consiste à imiter avec divers matériaux : *papier, bolduc, rafia, gros fil de laine ou de copeau,* le travail du tisseur d'étoffes qui entrelace les uns dans les autres des fils très ténus, la trame passant en dessus et en dessous de la chaîne.

Les travaux de *bolduc, rafia, coton* et *laine* se rapprochent spécialement du tissage industriel en ce qu'ils demandent le secours de **cadre** en fer ou en bois pour tenir les fils tendus jusqu'à la fin du travail, moment où on les détache de leurs appuis.

Les travaux ainsi exécutés sont d'une grande solidité et certains, semblables à de petits morceaux de grosse étamine, se prêtent à être brodés comme l'étamine ordinaire, en dessins variés, au point de croix ou à tout autre.

Grâce à sa rigidité relative, le *papier* se suffit à lui-même, soit qu'on achète des **chaînes** et **bandelettes** préparées, soit qu'on les coupe soi-même dans le premier papier venu.

Dans les localités où, comme en Suède, certaines essences donnent sous le rabot de longs rubans très minces et très souples, les copeaux se prêtent à divers travaux solides et gracieux : *paniers, boîtes, cornets,* etc.; c'est une jolie manière de varier le tissage scolaire, d'autant mieux que le tour de main est un peu différent et délicat. Voir p. 113.)

Quel que soit d'ailleurs le matériel, les mêmes modèles conviennent à peu près à tous les genres de tissage. — Les motifs ci-après sont empruntés à des travaux en papier exécutés sur les chaînes couramment vendues en librairie.

Mais le cadre de ces chaînes, convenable quand les fils ont 1 centimètre de largeur, est bien grand quand les fils n'ont qu'un 1/2 centimètre ; leur nombre devient alors si considérable que l'enfant s'y perd et qu'il risque d'avoir trop longtemps à travailler pour achever son travail, en sorte que la fatigue vient, suivie de l'ennui. En conséquence, il est bon de découper, pour les tissages au 1/2 centimètre, quelques cadres moins grands, comme celui de la page précédente.

Pour faciliter les débuts du tissage, il est utile de faire enfiler dans les chaînes de papier des *lattes en bois* ou des *lames de carton* au lieu de trames de papier, jusqu'à ce que l'enfant ait bien compris le mouvement. La souplesse du papier est une difficulté qui se trouve ainsi partiellement et momentanément supprimée, afin que l'enfant donne tout son effort à l'alternance des fils entre eux.

Pour faciliter plus encore, on peut coller l'un sur l'autre par les bords deux chaînes de *couleurs différentes*, puis enlever alternativement les fils impairs de la chaîne supérieure et les fils pairs de la chaîne inférieure ; on obtient ainsi un cadre où les fils 1, 3, 5, 7, 9, etc., sont d'une couleur et les fils 2, 4, 6, 8, d'une autre, ce qui permet de dire aux élèves : Passez *sous* tous les fils rouges et *sur* tous les fils gris, puis au rang suivant : Passez *sous* tous les fils gris et *sur* tous les fils rouges.

Les leçons de tissage sont difficilement des leçons d'ensemble ; car certains élèves plus adroits que les autres saisissent et travaillent beaucoup plus rapidement.

Pour égaliser le plus possible les forces au début, tantôt on donnera aux retardataires leurs compagnons plus prompts comme moniteurs ; tantôt on engagera les habiles à refaire le même travail avec quelque variante de couleur ou à inventer un motif un peu différent. Puis peu à peu on réunira les enfants également adroits par petits groupes auxquels on donnera des modèles à copier (voir p. 112) pendant que la maîtresse viendra en aide aux traînards.

Il va sans dire que la distribution des ouvrages commencés doit être vivement faite et pour cela confiée pour chaque groupe à l'un des élèves qui en fait partie, afin qu'il rende à chacun son bien ; en outre il faut absolument que tous les élèves aient leur ouvrage en main pendant un quart d'heure au moins ; les plaintes nombreuses sur la difficulté de pratiquer le travail manuel et le peu de résultat auquel on arrive tiennent en grande partie au défaut d'organisation : tantôt les enfants reçoivent un ouvrage quelconque et non leur ouvrage propre ; donc, ils ne s'y intéressent pas ; de plus, certains le reçoivent si longtemps après d'autres qu'ils ont à peine le temps de s'y mettre avant la clôture de l'exercice, nouvelle cause d'indifférence.

Enfin il y a beaucoup d'ennuis et de lassitude par l'attente des bandes au fur et à mesure qu'on en a besoin ; or, pourquoi les bandes ne seraient-elles pas coupées d'avance à une longueur uniforme et réunies par petits paquets de 10 à 15 d'une même couleur ; deux ou trois de chacun de ces paquets se trouveraient dans des boîtes (une pour 10 enfants) qui circuleraient rapidement au début de l'exercice. Chaque enfant prendrait un paquet ou deux, si son tissage était multicolore ; à la fin les bandes non employées reviendraient dans la boîte, et ce serait l'occupation de quelques enfants dans un moment d'inactivité ou leur récompense, que de reformer des paquets complets pour la leçon suivante.

Toute autre disposition pourrait être prise d'ailleurs, pourvu que l'ordre et la rapidité dans la répartition fussent bien assurés.

MOTIFS : 1 dessus, 1 dessous

Les huit modèles ci-après présentent *exactement le même travail:* le tissage[1] le plus simple, celui de la toile, soit un fil *sur* l'aiguille, un fil *dessous ;* mais cette alternance régulière est en elle-même la grosse difficulté qui résume toutes les autres, en sorte qu'elle doit être tout à fait surmontée avant de passer outre ; c'est pourquoi ce premier motif est répété sous plusieurs formes, chacune d'ailleurs différente en quelque façon de la précédente, afin d'introduire le plus de variété possible dans cette étude préliminaire.

Les modèles ci-contre indiquent suffisamment la diversité dans les largeurs de bandes employées et dans leur nombre, mais un élément de variété non indiqué et précieux pourtant, c'est la couleur, et il sera bon de faire exécuter chaque modèle tantôt en employant une seule nuance, tantôt en usant de plusieurs, au gré des enfants. D'ailleurs le nombre même de bandes étroites intercalées parmi les bandes larges dans les n°s 5, 6, 7, 8, n'a rien d'obligatoire, et on peut laisser les enfants libres d'en faire le mélange à leur guise.

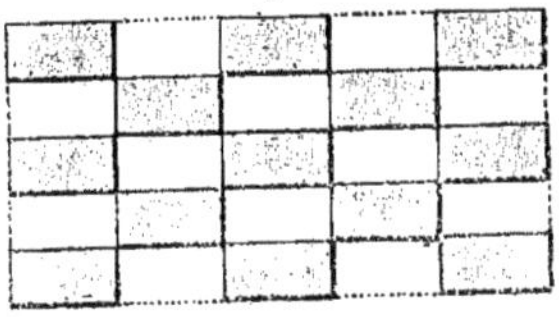

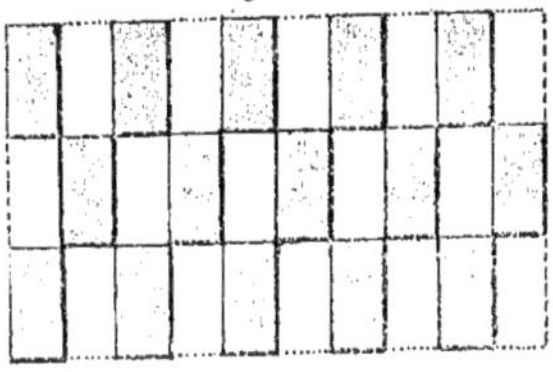

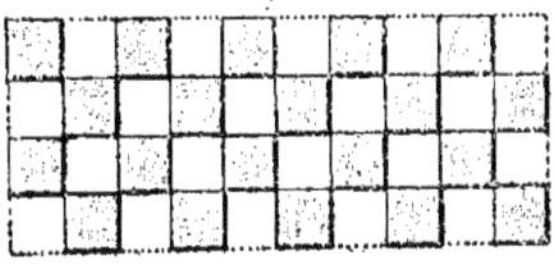

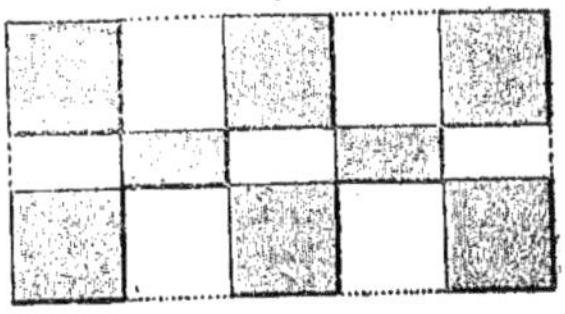

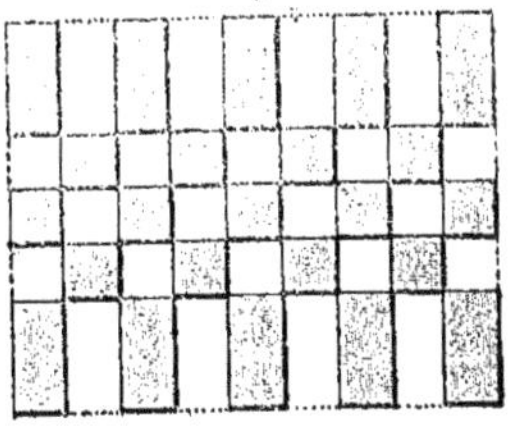

1. Rappelons encore que le tissage est exactement le travail contraire du parfilage dont à cette occasion on répétera quelques exercices. — En effet, le parfilage, tombé en désuétude et décrié après avoir été presque la seule occupation des salles d'asile, ne méritait ni cet excès d'honneur, ni cette indignité ; car c'est un travail très facile et qui se prête à quelques exercices intéressants ; il faut donc en conserver le prin-

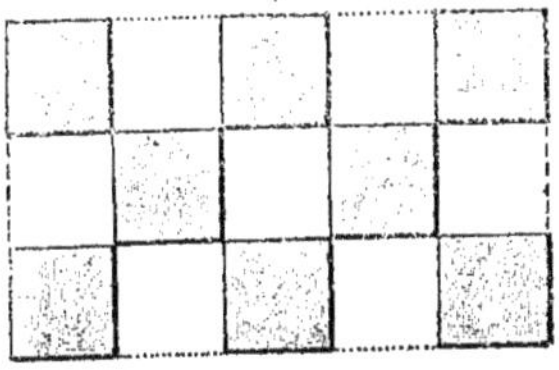

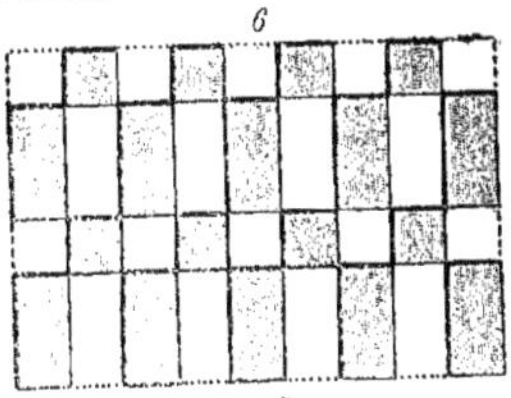

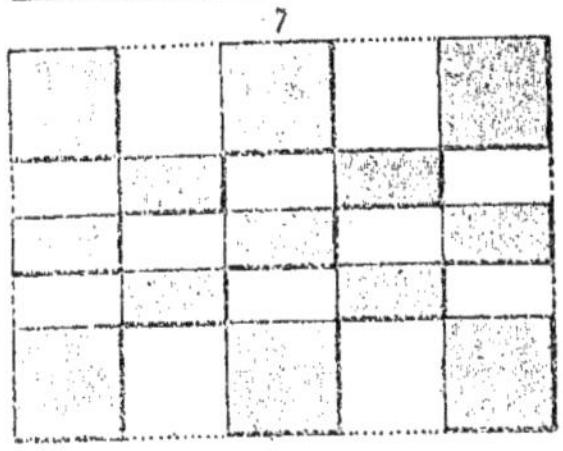

 TISSAGE

MOTIFS : 2 dessus, 1 dessous.
2 dessous, 1 dessus.

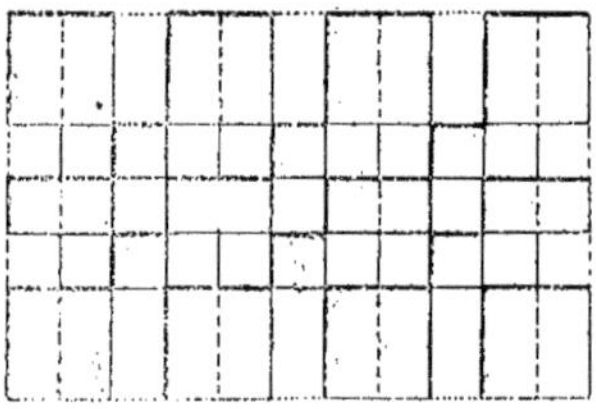

MOTIFS : 3 dessus, 1 dessous.
3 dessous, 1 dessus.

1

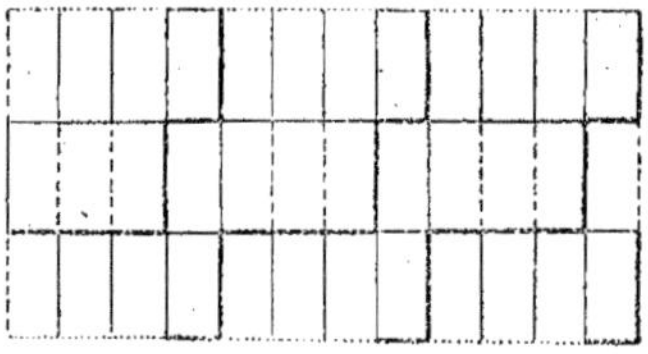

2

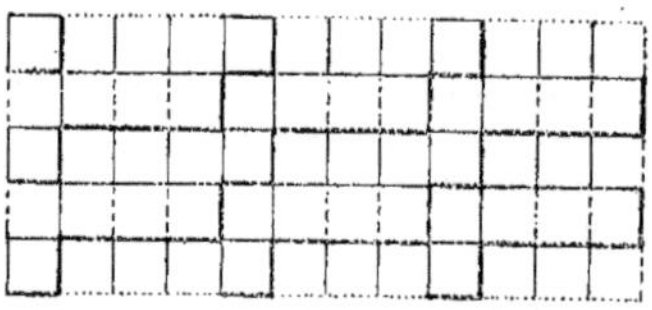

3

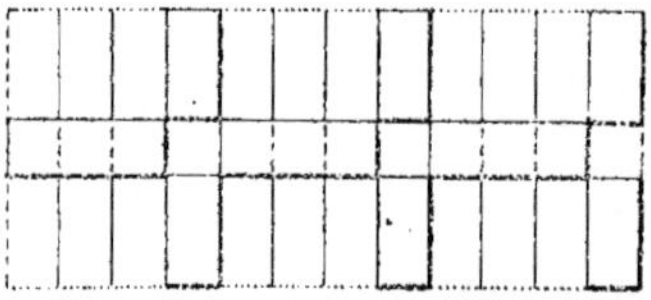

4

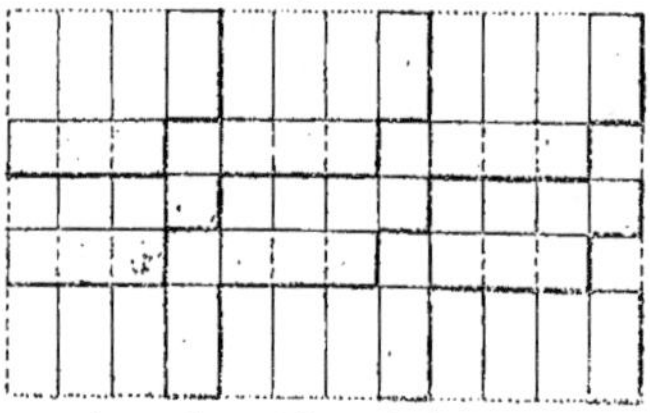

Pour les quatre séries ci-dessus, tous les cadres sont coupés au 1/2 centimètre.
Dans les n°s 1, les bandes sont de 1 centimètre.
Dans les n°s 2, les bandes sont de 1/2 centimètre.
Dans les n°s 3, il y a alternance d'une bande 1 centimètre avec une bande 1/2 centimètre.
Dans les n°s 4, il y a alternance d'une bande 1 centimètre avec trois bandes 1/2 centimètre.

cipe en variant les applications : ainsi, tantôt on donnera des pièces bigarrées dont on fera grouper les effilures par couleurs ou par nuances ; tantôt on distribuera des pièces longues et peu larges dont on fera soigneusement isoler les fils longs des courts, et les premiers seront ensuite noués ensemble un à un par bouts de 30 à 40 centimètres. Ces grands fils, par groupe de 5 ou de 6, pourront être tressés, et plusieurs de ces tresses nouées ensemble forment de solides et jolies guides pour jouer aux chevaux. (École de Mme C., à Solencourt, Doubs.)

MOTIFS : 3 dessus, 3 dessous.

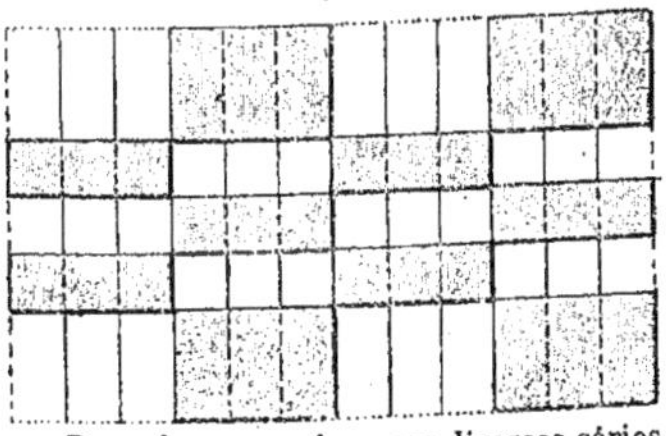

MOTIFS : 3 dessus, 2 dessous.
3 dessous, 2 dessus.

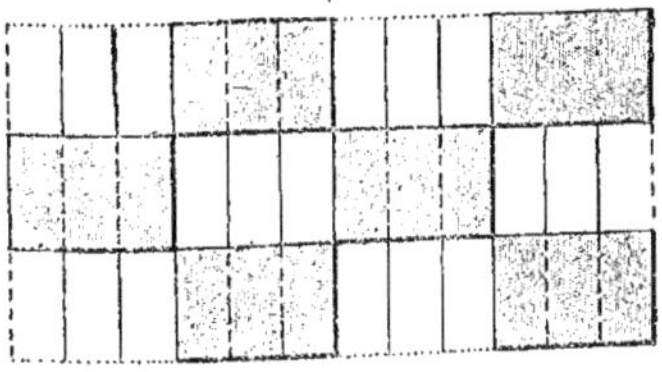

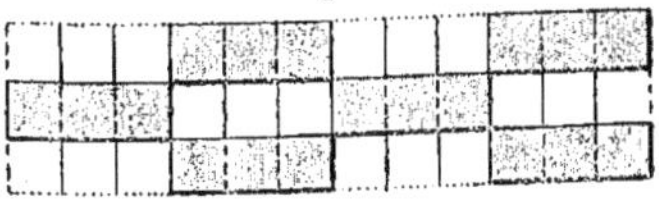

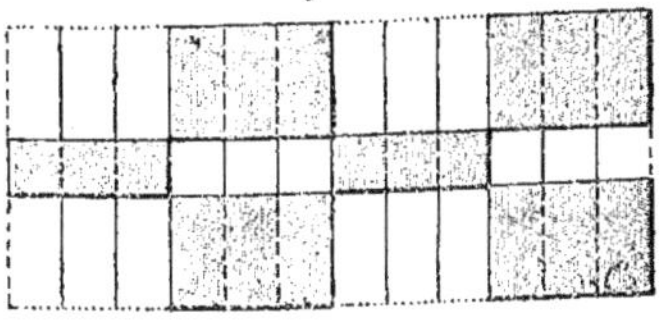

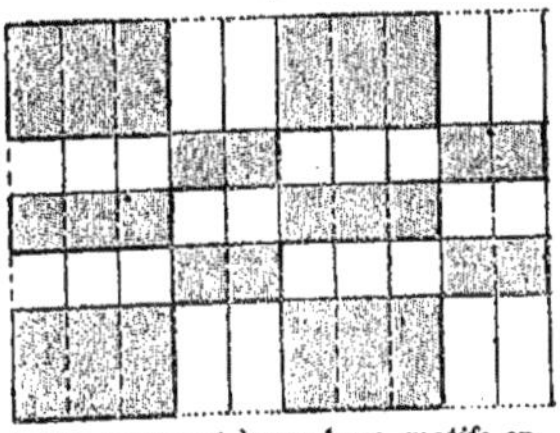

Rappelons que, dans ces diverses séries, il faut faire répéter souvent les *mêmes motifs en plusieurs couleurs;* c'est un moyen de stimuler l'activité et l'intérêt de l'élève qui choisira ses teintes et les mariera à son gré.

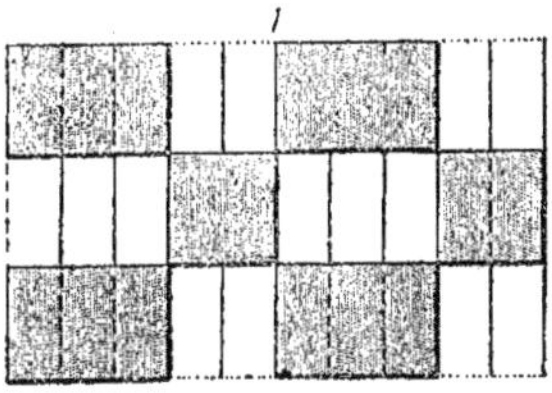

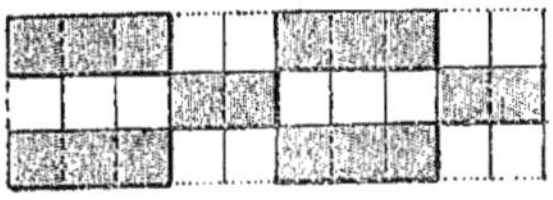

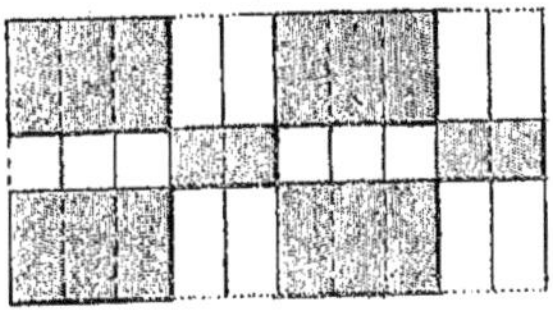

Remarque d'expérience. — Le tissage sur petit cadre à 1 /2 centimètre avec bandes à 1 centimètre très facile et agréable, même pour les commençants. Au contraire, l'emploi des bandes à 1/2 centimètre leur plaît peu, même sur cadre à 1 centimètre, à plus forte raison le tissage tout au 1/2 centimètre où trame et chaîne sont trop menues pour des mains maladroites. On réservera donc ces motifs aux plus habiles.

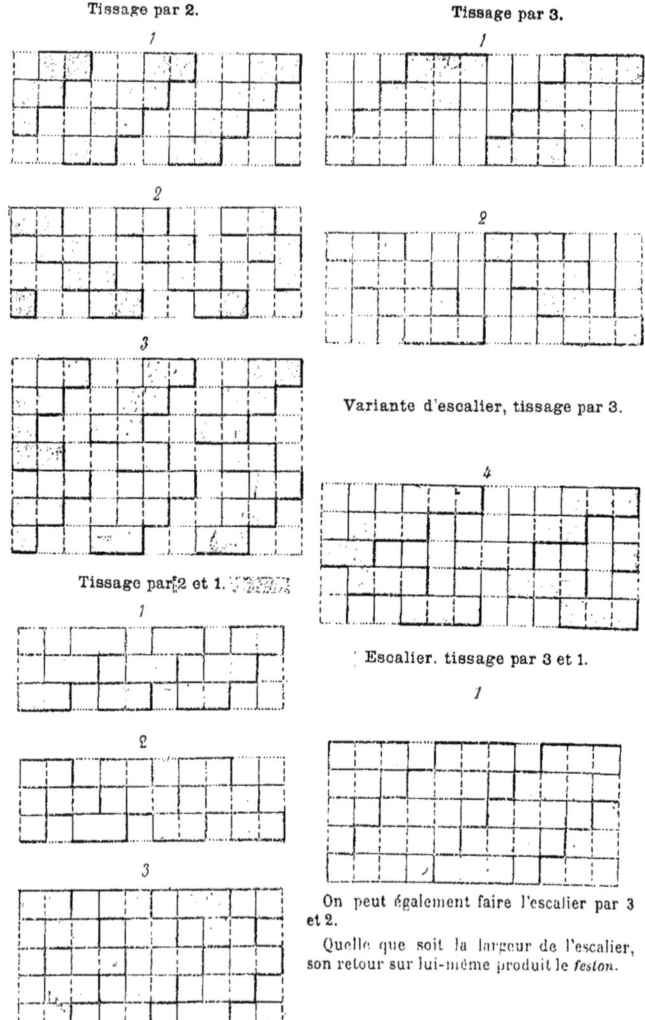

Tissage par 2.

1

2

3

Tissage par 2 et 1.

1

2

3

Tissage par 3.

1

2

Variante d'escalier, tissage par 3.

4

Escalier. tissage par 3 et 1.

1

On peut également faire l'escalier par 3 et 2.

Quelle que soit la largeur de l'escalier, son retour sur lui-même produit le *feston*.

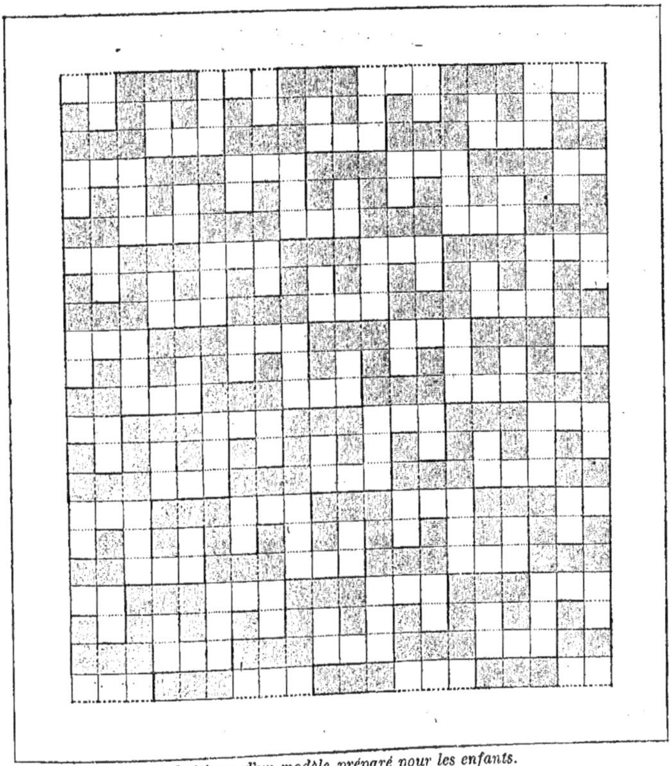

Spécimen d'un modèle préparé pour les enfants.

Le cadre une fois rempli doit être collé sur étoffe ou papier fort pour assurer sa solidité, chaque classe doit posséder une provision de modèles ainsi préparés et numérotés par ordre de difficulté. Mais il n'est pas nécessaire que le cadre rempli soit aussi grand que celui-ci, pris pour type seulement parce que c'est la dimension adoptée en général par les papetiers. Nous estimons même, comme nous l'avons déjà suggéré, que des cadres de 8 ou 10 centimètres carrés seulement, y compris les bordures, coupés au 1/2 centimètre, seraient particulièrement commodes et pratiques.

Emplois divers des modèles. — Les modèles du tissage ont des utilités multiples : ils peuvent être reproduits comme motifs de dessin, certains carrés étant ombrés, les autres restant blancs ; — comme motifs de broderie au point de marque sur carton, drap perforé ou canevas ; — comme motifs de carrelage, avec de petits fragments de papier de couleur régulièrement coupés et rapprochés en mosaïque, etc.

TISSAGES DE FANTAISIE[1]

Leçons de tissage. — Les exercices suivants peuvent être proposés aux élèves de deux façons, soit *en dictée*, soit *en copie.*

Le premier procédé, *la dictée,* consiste à indiquer ligne par ligne aux petits tisseurs comment les bandes doivent être passées dans la trame; mais il faut pour cela avoir une classe fort exercée au travail d'ensemble et d'une homogénéité très rare, d'une habileté uniforme, sans traînards ni retardataires. Nous donnons ci-après quelques exemples de ces dictées pour des tissages très simples.

La copie est beaucoup plus pratique dans les classes ordinaires où il y a des enfants inégalement adroits et attentifs. Pour la copie, on réunit les enfants, comme nous l'avons déjà dit, par petits groupes d'adresse à peu près égale auxquels on donne un modèle approprié à imiter, soit *exactement,* soit *librement,* c'est-à-dire avec changement de couleur ou de grosseur de bandelettes. Ces différentes modifications sont à encourager pour développer l'initiative.

Tissage à plusieurs couleurs. — Les modèles ci-dessus teintés en deux grisailles, l'un un peu plus foncé que l'autre, ne sont pas les seuls qui se prêtent à un peu de bariolage; plusieurs autres s'en accommoderaient fort bien et il sera bon de le suggérer aux petits tisseurs. Il faut seulement réserver les modèles qui sont intéressants comme forme d'ensemble et auxquels la multiplicité des couleurs ferait perdre leur unité ; ainsi les n°⁸ 38 (cœurs), 45 (palmes), 55 (moulinets), ou ceux dont les motifs s'enchevêtrent les uns dans les autres comme les n°⁸ 44 (feuilles de trèfle), 36, etc. Au n° 37, au contraire, la troisième bande différente des autres produirait un joli effet en faisant ressortir le centre des fleurettes.

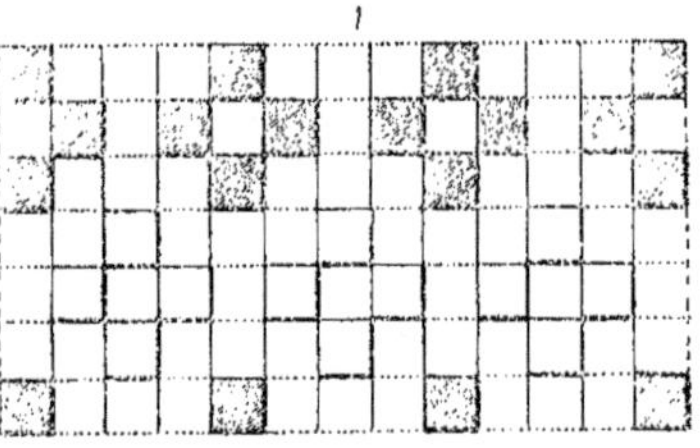

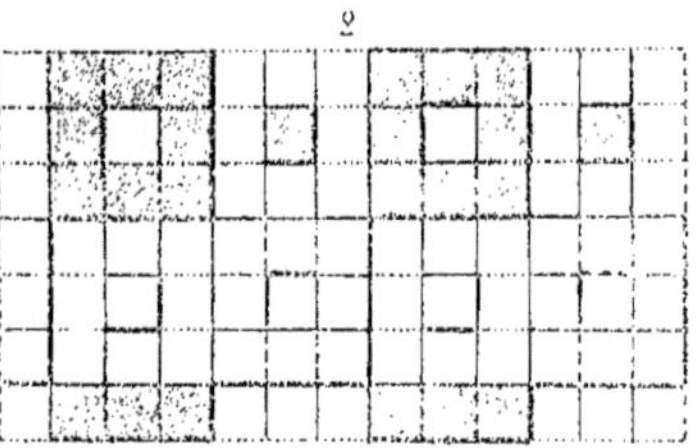

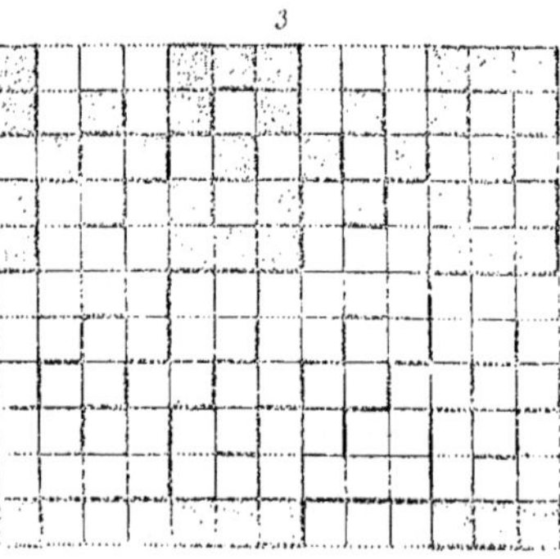

1. Nous avons multiplié les modèles de tissage : 1° parce que l'on a une tendance fâcheuse à éterniser les élèves sur les premiers exercices, alors même que certains les exécutent très facilement, mais avec le dégoût de la satiété; — 2° parce que c'est, au contraire, un des travaux où, sans inconvénient, l'enfant adroit devient vite indépendant de la maîtresse, ce qui permet à celle-ci de se consacrer aux retardataires pour les hâter, soit dans l'apprentissage du tissage, soit en tout autre exer-

Dictées de tissage en allant de droite à gauche.

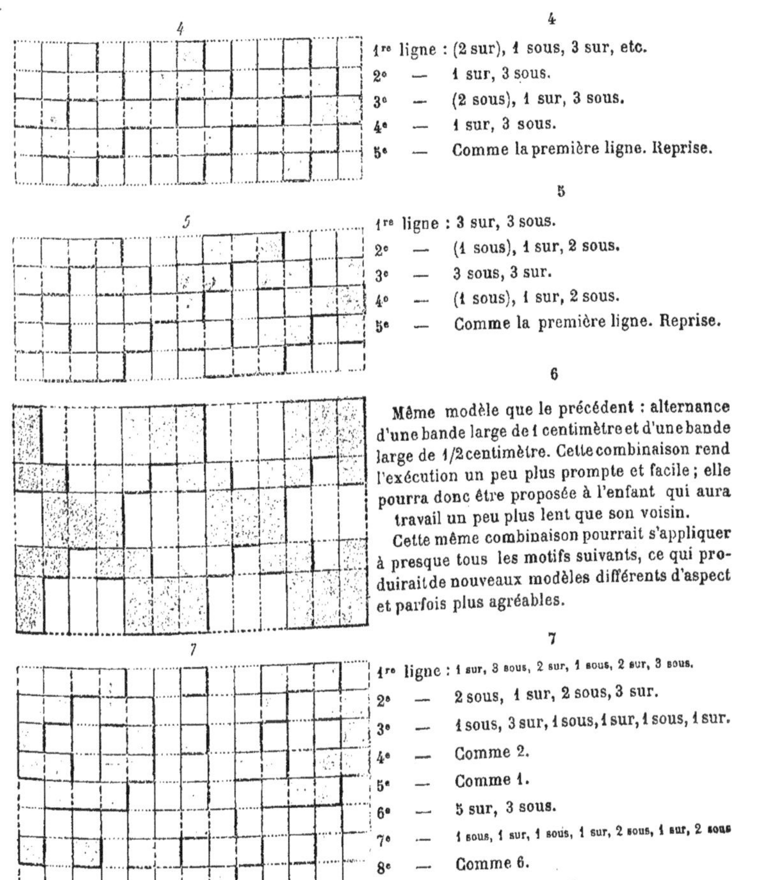

4

1re ligne : (2 sur), 1 sous, 3 sur, etc.

2e — 1 sur, 3 sous.

3e — (2 sous), 1 sur, 3 sous.

4e — 1 sur, 3 sous.

5e — Comme la première ligne. Reprise.

5

1re ligne : 3 sur, 3 sous.

2e — (1 sous), 1 sur, 2 sous.

3e — 3 sous, 3 sur.

4e — (1 sous), 1 sur, 2 sous.

5e — Comme la première ligne. Reprise.

6

Même modèle que le précédent : alternance d'une bande large de 1 centimètre et d'une bande large de 1/2 centimètre. Cette combinaison rend l'exécution un peu plus prompte et facile ; elle pourra donc être proposée à l'enfant qui aura travail un peu plus lent que son voisin.

Cette même combinaison pourrait s'appliquer à presque tous les motifs suivants, ce qui produirait de nouveaux modèles différents d'aspect et parfois plus agréables.

7

1re ligne : 1 sur, 3 sous, 2 sur, 1 sous, 2 sur, 3 sous.

2e — 2 sous, 1 sur, 2 sous, 3 sur.

3e — 1 sous, 3 sur, 1 sous, 1 sur, 1 sous, 1 sur.

4e — Comme 2.

5e — Comme 1.

6e — 5 sur, 3 sous.

7e — 1 sous, 1 sur, 1 sous, 1 sur, 2 sous, 1 sur, 2 sous

8e — Comme 6.

9e — Comme 1. Reprise.

cice. En effet, l'enfant habile ayant reçu un modèle approprié à ses forces, et ayant choisi ses couleurs travaille aisément et gaîment sans secours, pourvu, bien entendu, que la tâche ne soit pas trop longue, c'est-à-dire le tissage trop grand, considération qui milite en faveur de cadres moins vastes que ceux admis jusqu'ici. C'est d'ailleurs aussi une des considérations qui doit faire redouter les tissages en laine, travail toujours long et lent, étant donnée la ténuité du matériel employé.

TISSAGE

Dictées de tissage en allant de droite à gauche.

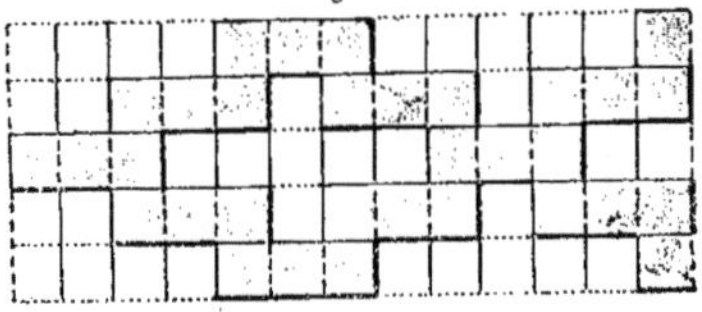

8

1re ligne : (1 sous), 5 sur, 3 sous, 5 sur.

2e — 3 sous, 1 sur.

3e — (2 sur), 3 sous, 5 sur, 3 sous.

4e — Comme 2.

5e — Comme 1. Reprise.

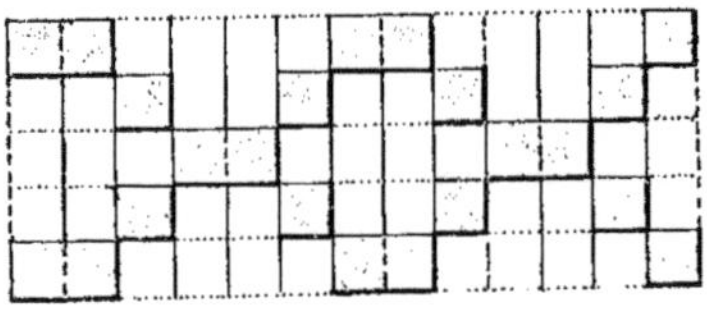

9

1re ligne : (1 sous), 4 sur, 2 sous.

2e — (1 sur), 1 sous, 2 sur.

3e — (2 sur), 2 sous, 4 sur.

4e — (1 sur), 1 sous, 2 sur.

5e — Comme la première ligne. Reprise.

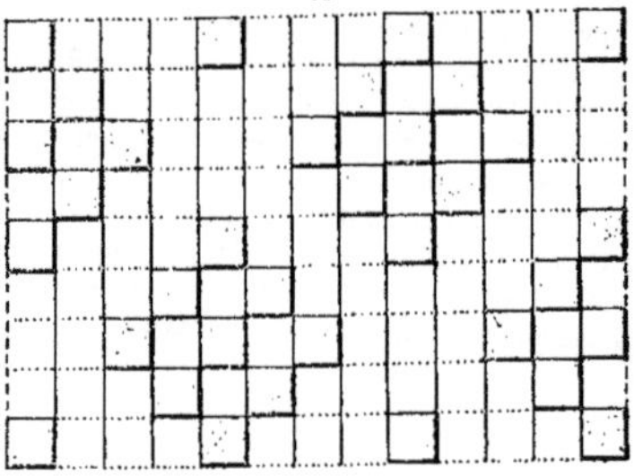

10

1re ligne : 1 sous, 3 sur.

2e -- (3 sur), 1 sous, 1 sur, 1 sous, 5 sur, 1 sous.

3e — (2 sur), 1 sous, 1 sur, 1 sous, 1 sur, 1 sous, 3 sur.

4e — Comme 2.

5e — Comme 1.

6e — (1 sur), 1 sous, 5 sur, 1 sous, 1 sur, 1 sous, 5 sur.

7e — (1 sous), 1 sur, 1 sous, 5 sur, 1 sous, 1 sur, 1 sous, 1 sur, 1 sous, 5 sur.

8e — Comme 6.

9e — Comme 1. Reprise.

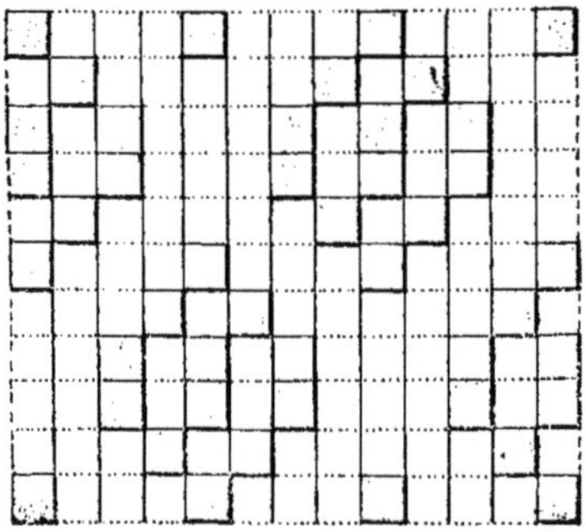

11

Même modèle que le précédent avec une bande large de 1 centimètre.

Ces variantes, nous ne saurions assez le répéter, sont à suggérer aux enfants pour diversifier leurs travaux et leur fournir l'occasion de manifester leur goût et leurs préférences.

Tout essai d'invention sera donc bien accueilli et même favorisé ; si l'élève s'arrête embarrassé au milieu de sa tentative, on lui donnera des conseils pour lui permettre de la mener à bien.

12

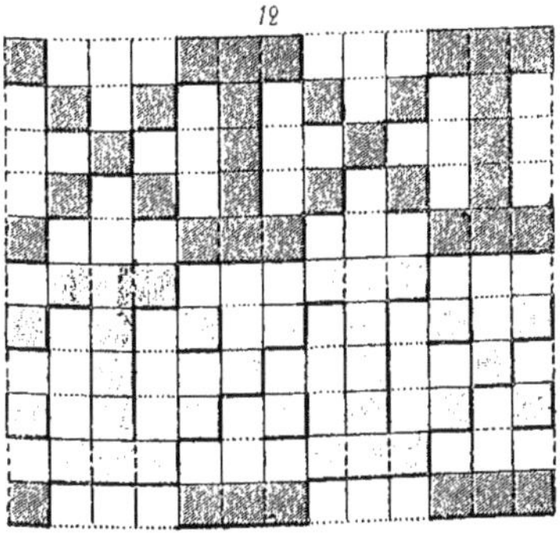

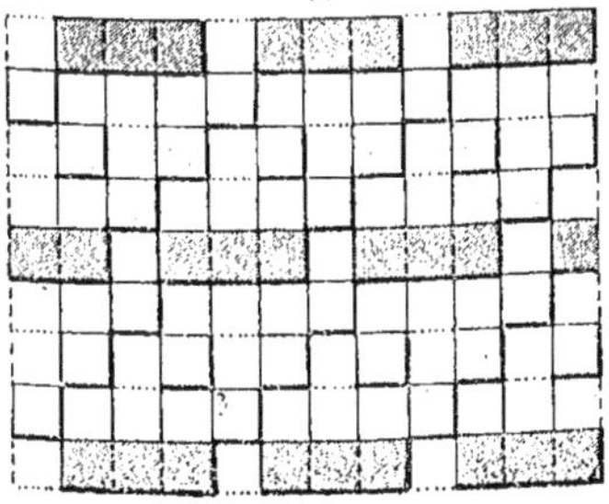

15

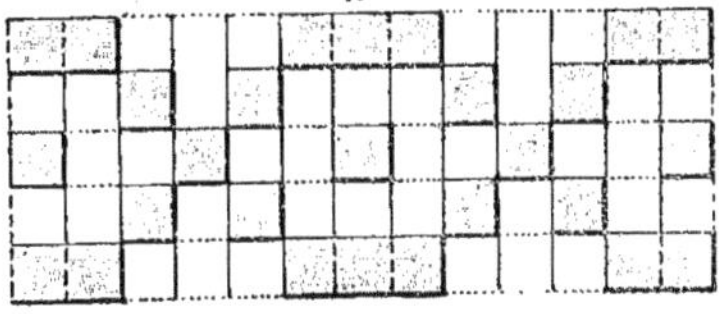

16

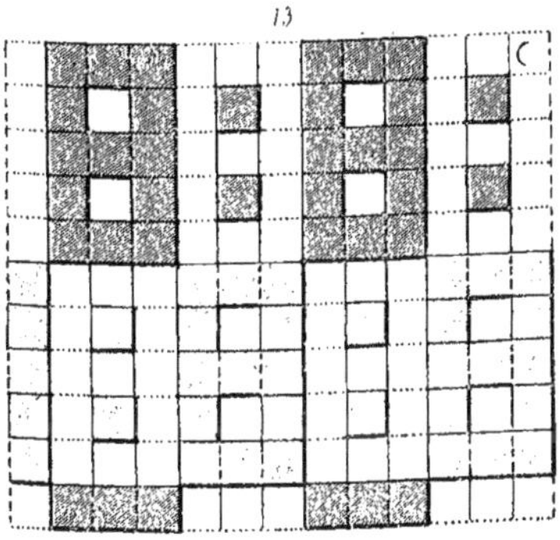

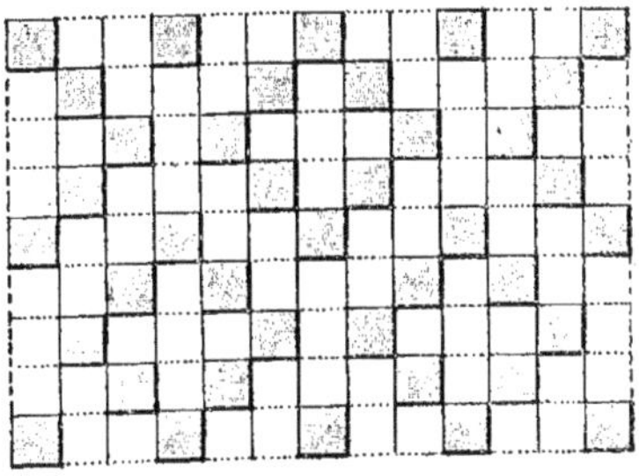

13

C

17

14

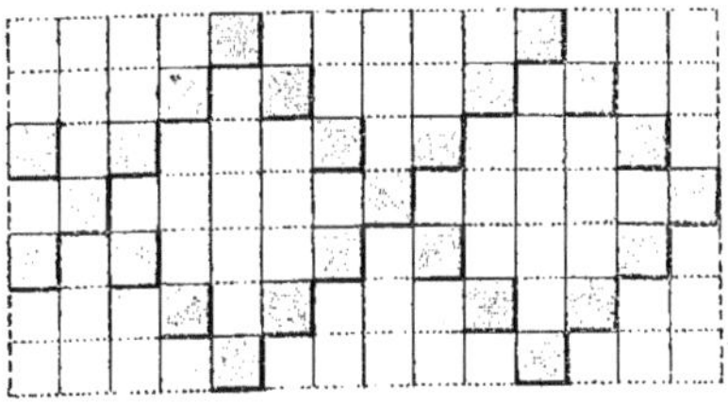

18

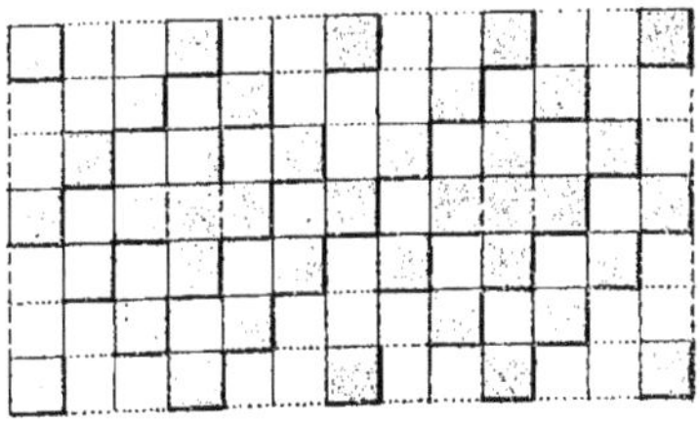

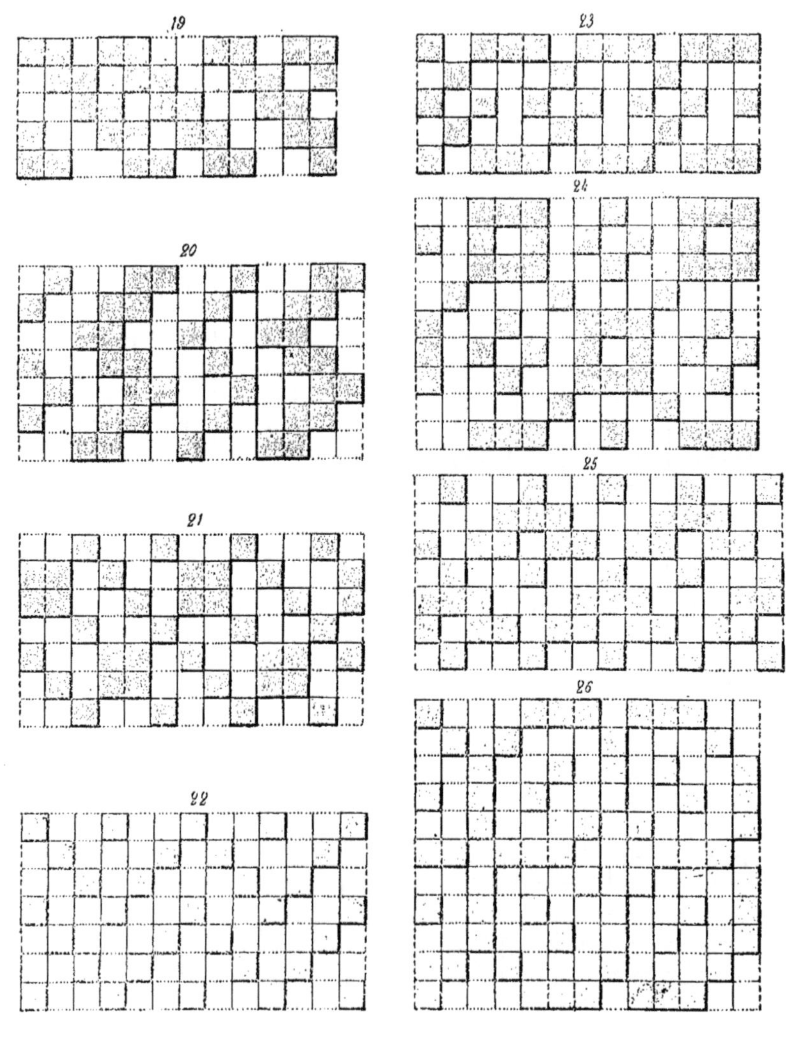

19
20
21
22
23
24
25
26

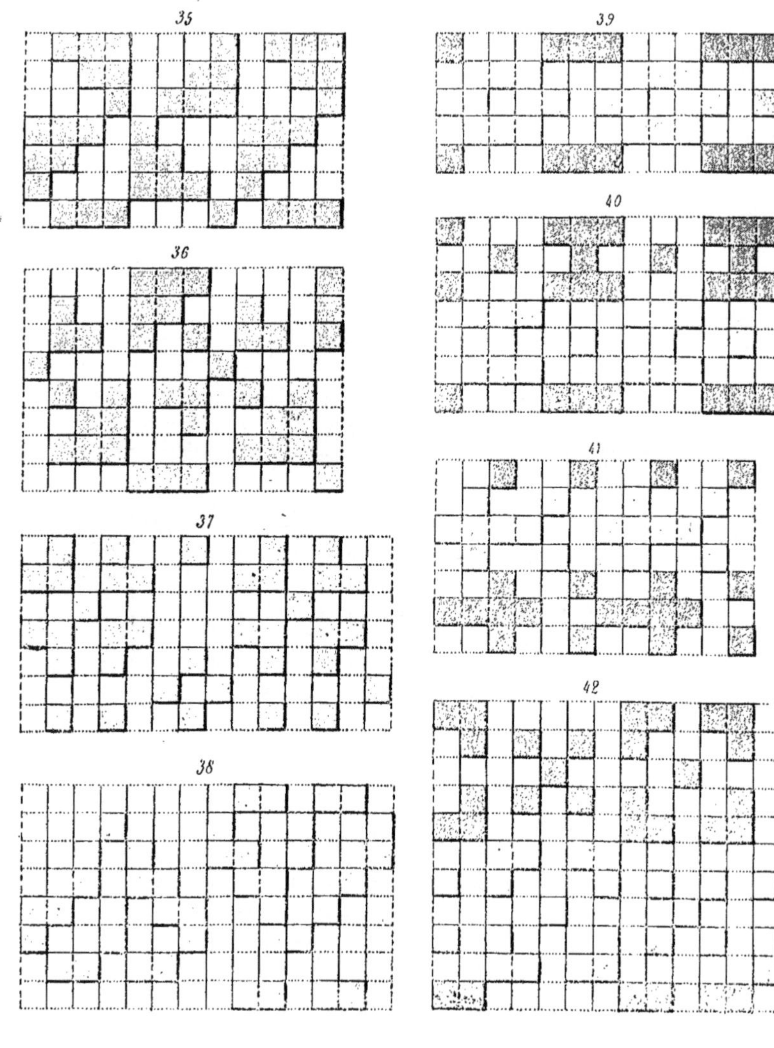
35
39
36
40
37
41
38
42

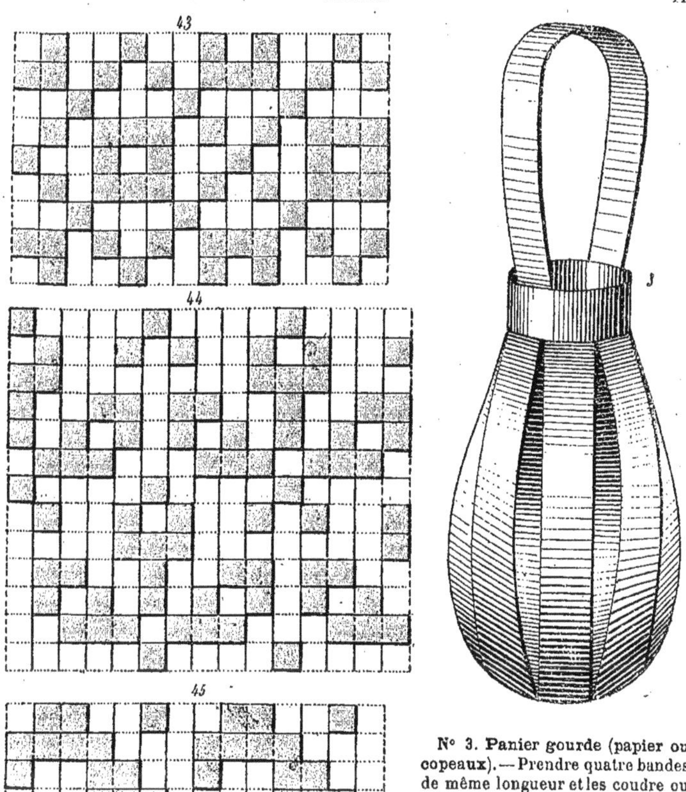

N° **3. Panier gourde** (papier ou
copeaux). — Prendre quatre bandes
de même longueur et les coudre ou
coller deux par deux en croix l'une
sur l'autre. Coudre ou coller ces
deux croix l'une sur l'autre de façon
à former comme une étoile à huit
branches, relever les huit branches
et les coudre ou coller l'une à côté
de l'autre sur une autre bande formant anneau, fixer au-dessus une
dernière bande pour faire l'anse.

N° **2. Panier plat.** — Ce panier
est fait en copeaux. Après avoir
coupé à la même longueur et mouillé des copeaux, on les entrelace comme au n° 1, jusqu'à
ce que le carré soit complet ; alors on coud à grands points un double copeau tout autour

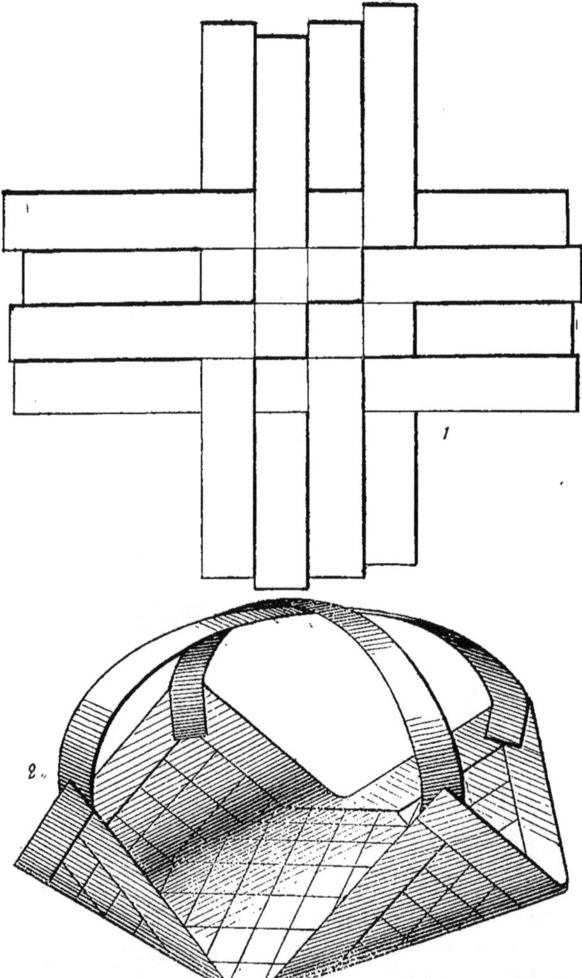

pour fixer les extrémités des   bandes, puis on remouille le tout et
on relève les angles auxquels on adapte avec un point des anses qui se croisent comme
ci-dessus. Tout cela, en séchant, conserve la forme donnée.

DÉCHIQUETAGE ET DÉCOUPAGE

DÉCHIQUETAGE ET DÉCOUPAGE

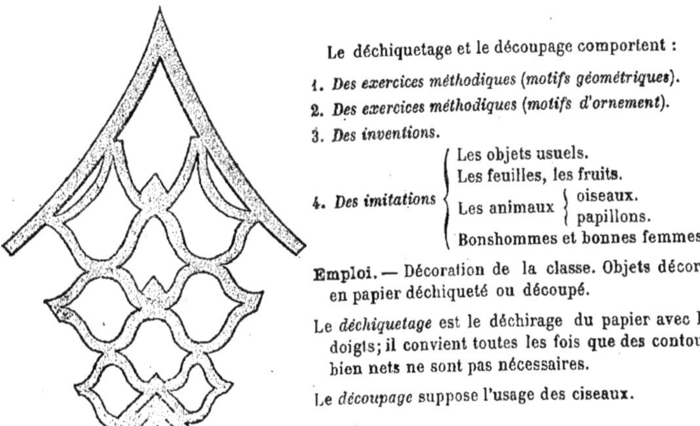

Le déchiquetage et le découpage comportent :

1. *Des exercices méthodiques (motifs géométriques).*
2. *Des exercices méthodiques (motifs d'ornement).*
3. *Des inventions.*

4. *Des imitations*
- Les objets usuels.
- Les feuilles, les fruits.
- Les animaux { oiseaux. / papillons. }
- Bonshommes et bonnes femmes.

Emploi. — Décoration de la classe. Objets décorés en papier déchiqueté ou découpé.

Le *déchiquetage* est le déchirage du papier avec les doigts; il convient toutes les fois que des contours bien nets ne sont pas nécessaires.

Le *découpage* suppose l'usage des ciseaux.

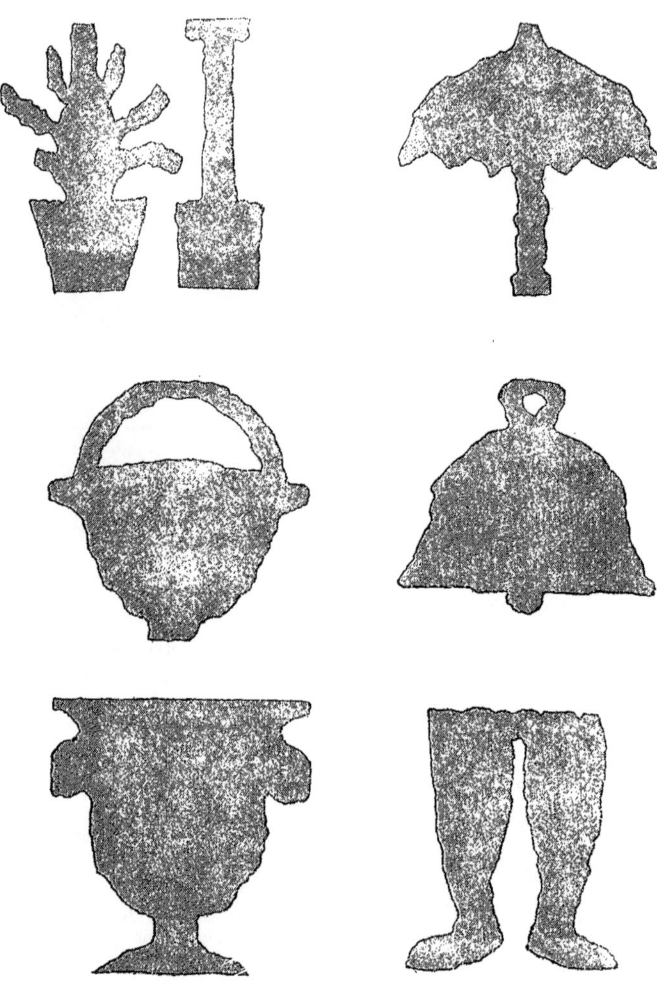

Motifs géométriques.

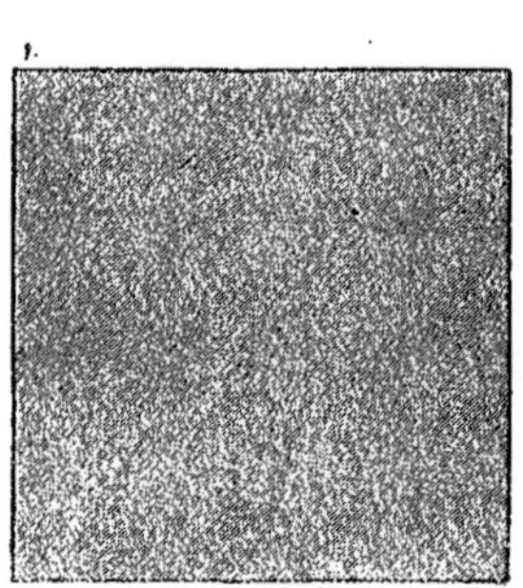 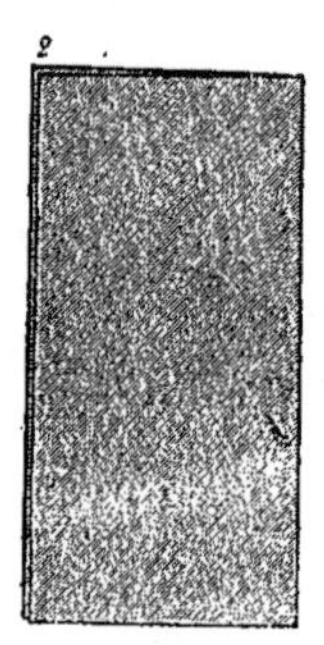 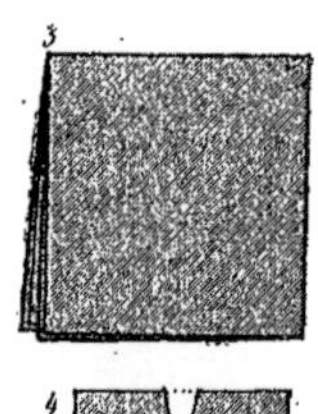

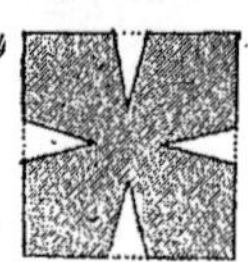

Nous avons remarqué que les enfants ont toujours tendance à faire les mêmes déchirures, généralement arrondies, ce qui donne à leurs déchiquetages beaucoup de monotonie ; nous présentons donc ici des incisions très variées, soit comme forme, soit comme disposition, dont on suggérera l'idée aux petits ouvriers.

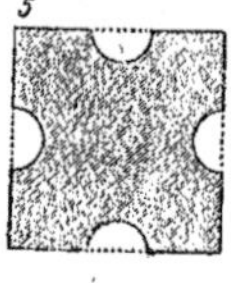 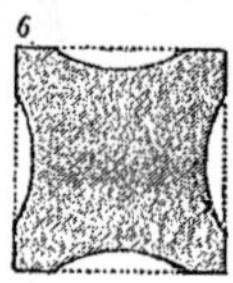 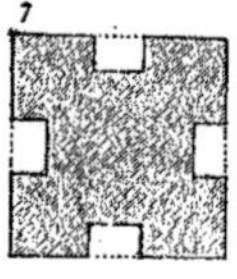 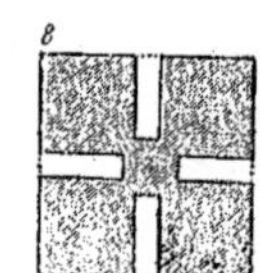 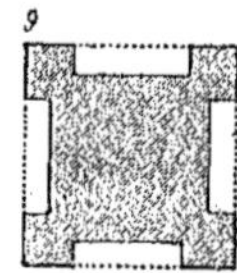

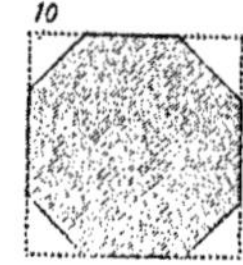 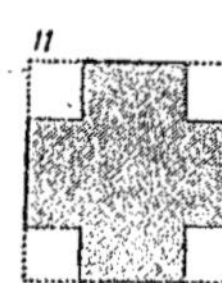 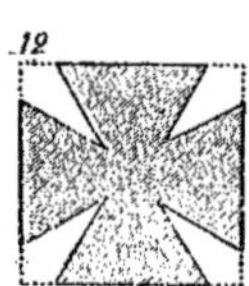 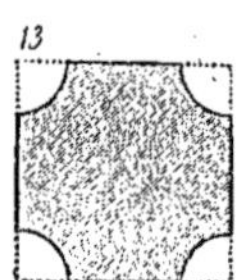 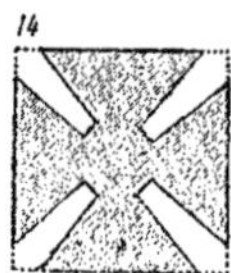

Tous nos modèles ont pour point de départ le carré.

Le papier, étant plié soit comme au n° 3 de cette page, soit comme aux n°s 3 ou 4, reçoit les déchirures indiquées dans l'un des modèles de 5 à 14, puis on déplie pour constater le résultat.

Pour les leçons, les vides à produire seront indiqués par la maîtresse, soit sur un grand modèle dessiné au tableau noir, soit sur un grand carré de papier (*un journal par exemple*) qu'on épingle sur le tableau une fois les coupures faites, quoique encore plié.

Mais il n'est nullement nécessaire que le point de départ soit toujours le carré ; bien au contraire, on peut prendre une bande d'une longueur quelconque et repliée sur elle-même : huit fois par exemple en rectangle comme aux modèles précédents (bonshommes et chats) ; on exécute alors les mêmes coupures que ci-dessus, en les combinant aussi ensemble ; on

peut encore replier plusieurs fois la bande sur elle-même en carré, puis replier ce carré en triangle, ce qui permet les coupes ci-contre : on obtiendra ainsi, avec les n°s 4 à 9 en particulier, des motifs courants dans les vides desquels il sera fort joli de passer une bandelette en papier de couleur (*trame de tissage*) qui paraîtra et disparaîtra dans les vides.

Répétons que les incisions peuvent être faites avec les *doigts* ou avec les *ciseaux*; en ce dernier cas, les contours sont plus nets ; dans le premier, ils sont plus doux et l'effet est presque plus joli ; pour faciliter la tâche du dessinateur, nos modèles sont tous faits aux ciseaux.

Remarque. — Employer du papier aussi léger et aussi peu collé que possible, afin qu'il se déchire et se coupe facilement, malgré le nombre des plis.

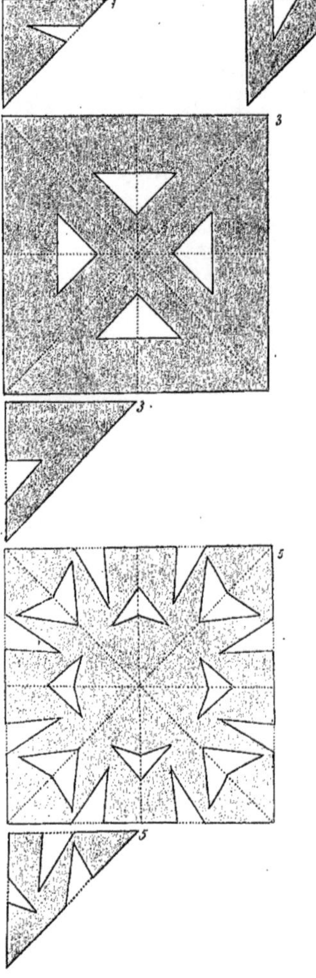

Coupures en forme de coin
« sur les côtés »

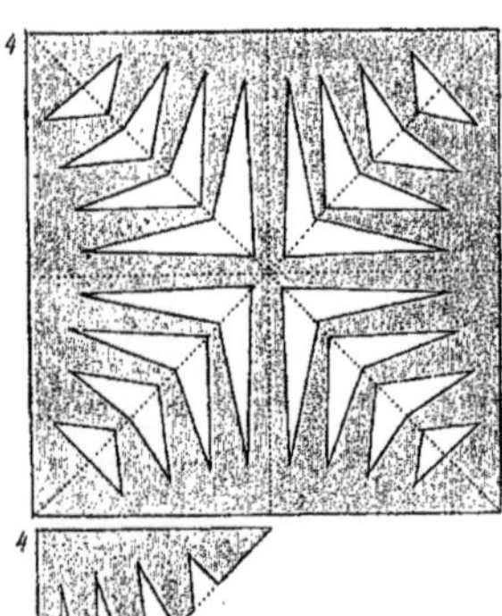

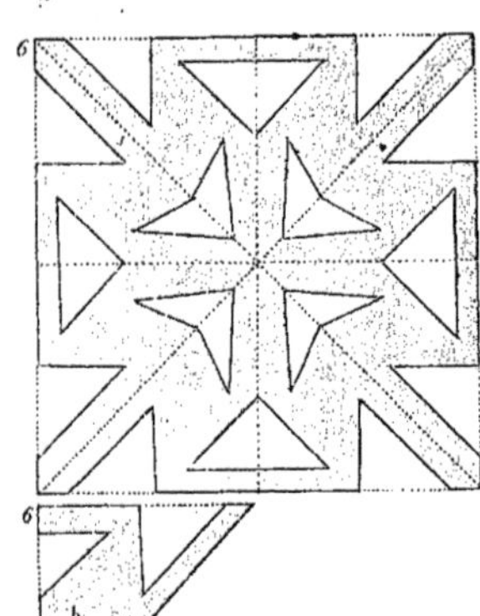

Coupures en forme de bandes
« sur les côtés »

Coupures en forme de bande
« sur les côtés »

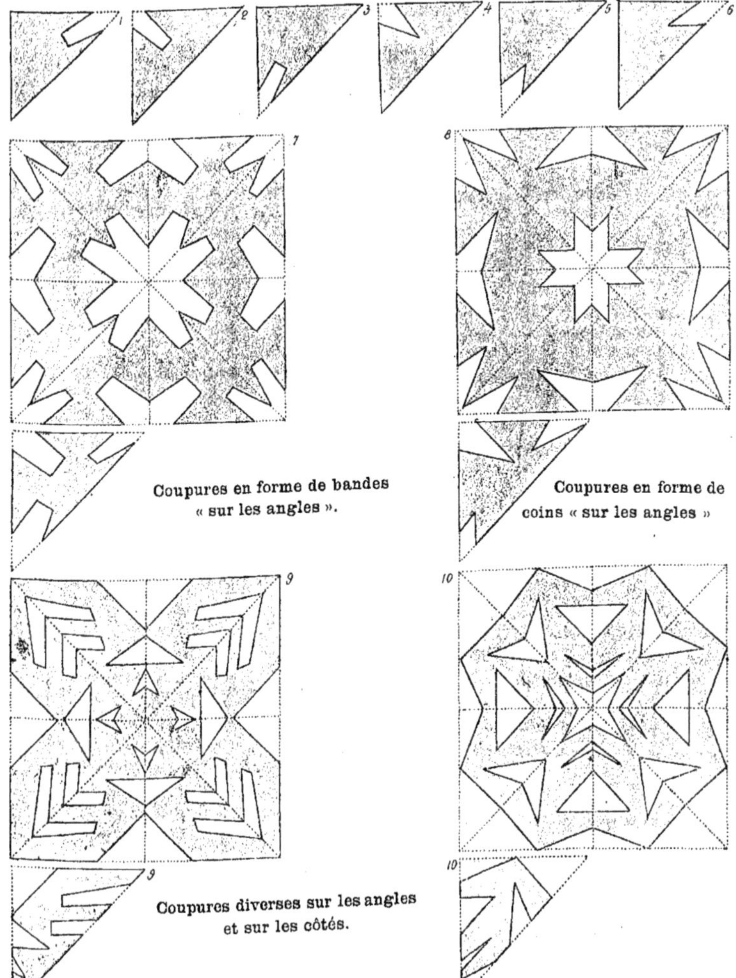

Coupures en forme de bandes
« sur les angles ».

Coupures en forme de
coins « sur les angles »

Coupures diverses sur les angles
et sur les côtés.

Découpages (motifs usuels).

Nous croyons qu'il sera intéressant pour les enfants de chercher parfois à produire **une** forme déterminée, au lieu de simples coupures sans but précis ; aussi avons-nous réuni un assez grand nombre de motifs où les élèves reconnaîtront les figures d'objets connus.

Toutes les formes suivantes sont à exécuter en reproduisant les vides indiqués sur les triangles modèles ci-après.

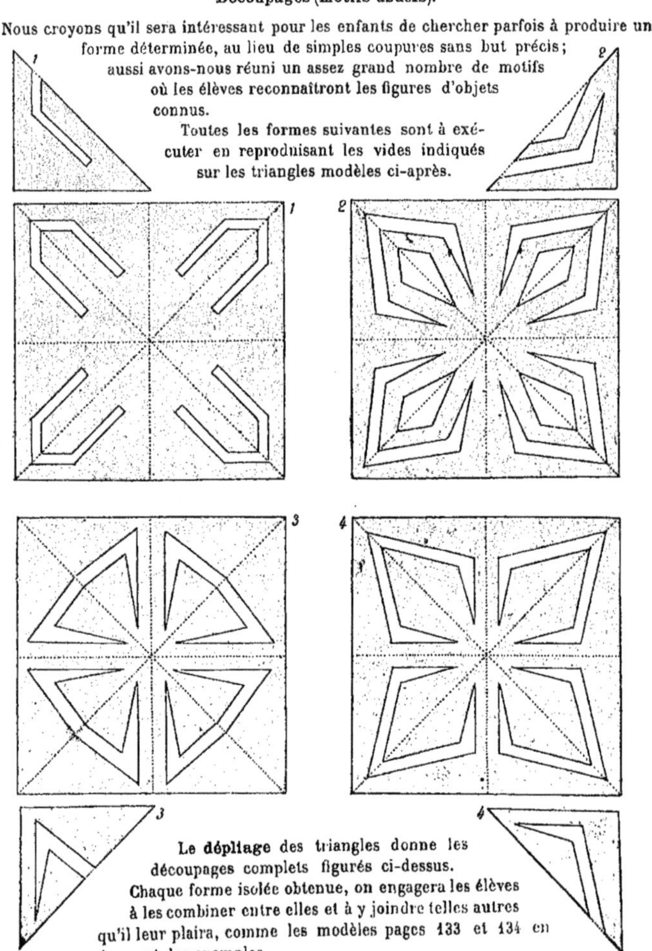

Le **dépliage** des triangles donne les découpages complets figurés ci-dessus.

Chaque forme isolée obtenue, on engagera les élèves à les combiner entre elles et à y joindre telles autres qu'il leur plaira, comme les modèles pages 133 et 134 en donnent des exemples.

Les **contours** devant être très nets pour que les formes générales soient reconnaissables, il est désormais préférable de *renoncer* au déchiquetage et d'*employer toujours* les ciseaux.

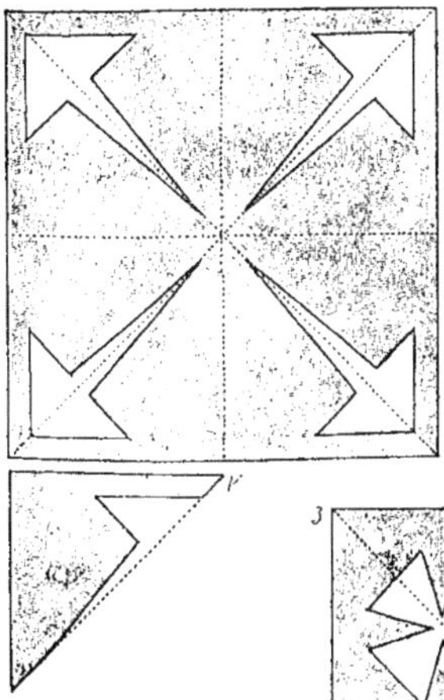

Motifs
en
lignes droites

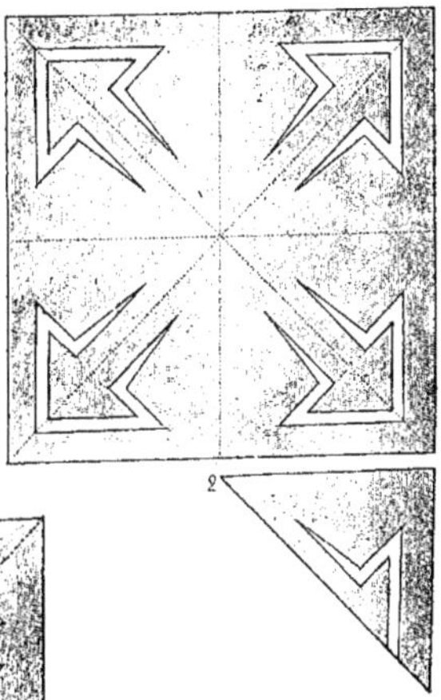

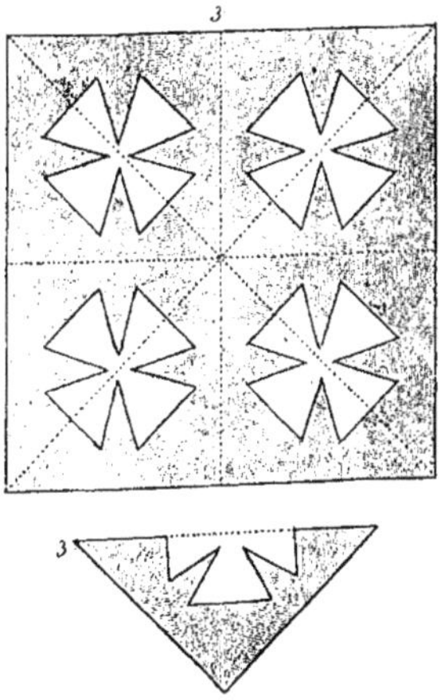

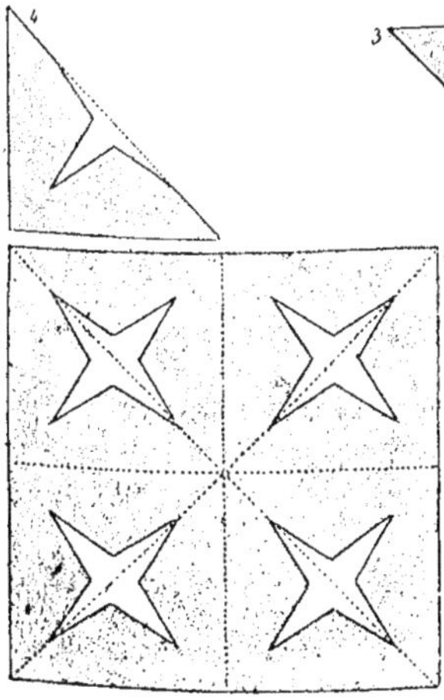

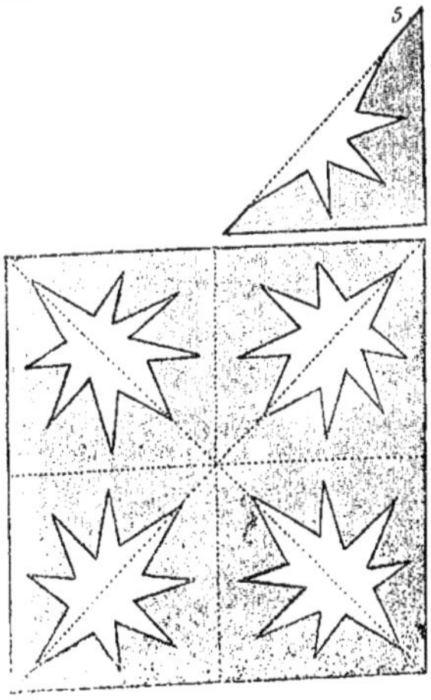

   DÉCOUPAGE

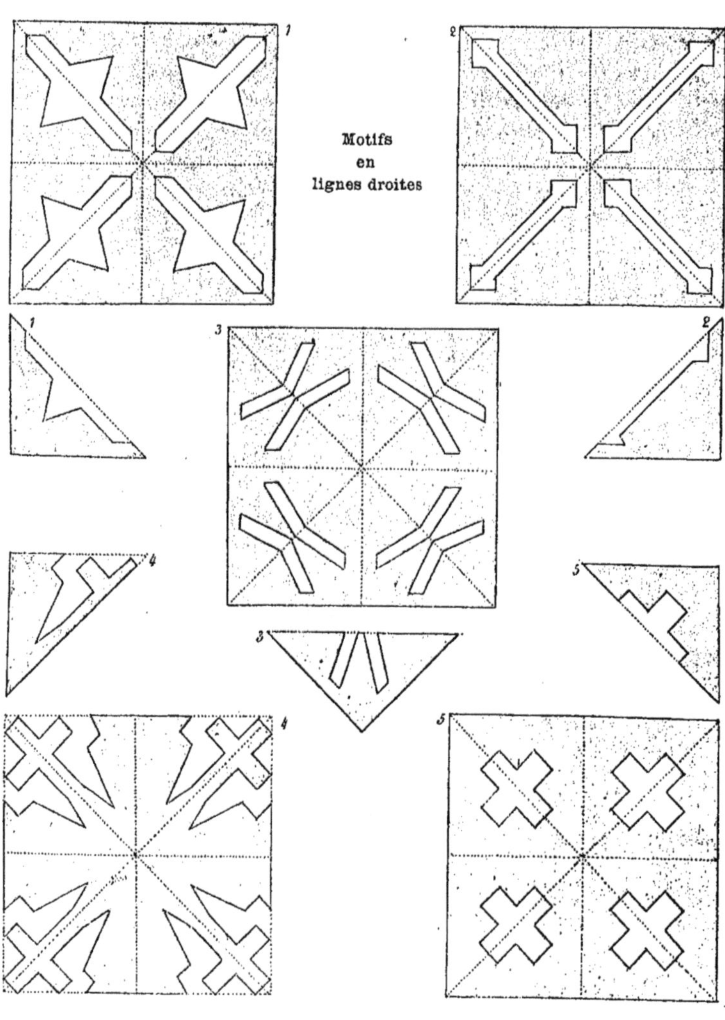

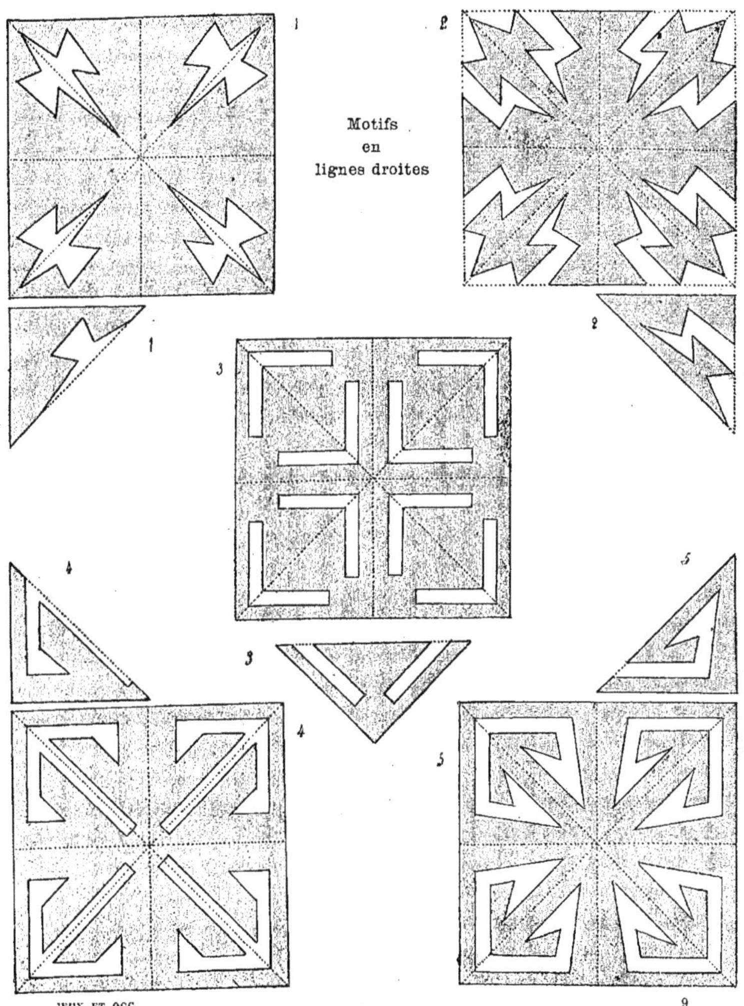

Motifs
en
lignes droites

Motifs
en
lignes droites

Motifs
en
lignes courbes

Motifs
en
lignes courbes

Motifs mélangés.

Motifs mélangés.

PLIAGE

PLIAGE

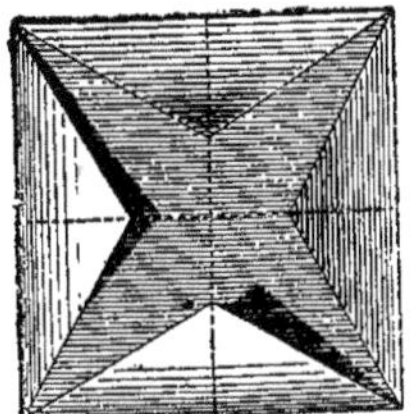

Le **pliage** comporte :

1° Des *exercices méthodiques*;

2° Des *imitations d'objets usuels*;

3° Des *travaux de fantaisie.*

Les premiers essais de pliage se font dès le début de l'emploi du papier, spécialement à propos du déchiquetage et du découpage, qui supposent l'un et l'autre du *papier redoublé* un certain nombre de fois selon certaines règles. Il pourrait donc sembler que nos exercices n'observent pas l'ordre naturel en procédant du déchiquetage au pliage. Mais le pliage en soi, travail des plus délicats et des plus minutieux, est en somme secondaire dans le déchiquetage, non pas que des plis exacts ne soient une des conditions principales pour que tous les doubles du papier reçoivent bien les mêmes incisions, mais combien est plus nécessaire encore cette exactitude quand ce sont les différents plis et replis qui donnent au travail toute sa valeur !

Or, c'est là pour les enfants une difficulté extrême et soit parce qu'ils sont incapables de voir les écarts de direction sur de petites surfaces, soit parce que leur gaucherie les empêche d'y remédier ou de les éviter, ils se contentent facilement d'un à peu près. Il faut donc, par des exercices répétés et une surveillance minutieuse, les amener à la précision du coup d'œil et des mouvements. — C'est pourquoi les exercices du déchiquetage, aptes à précéder de longtemps ceux du pliage proprement dit, sont ici placés avant ces derniers.

Pliage méthodique

Ire SÉRIE

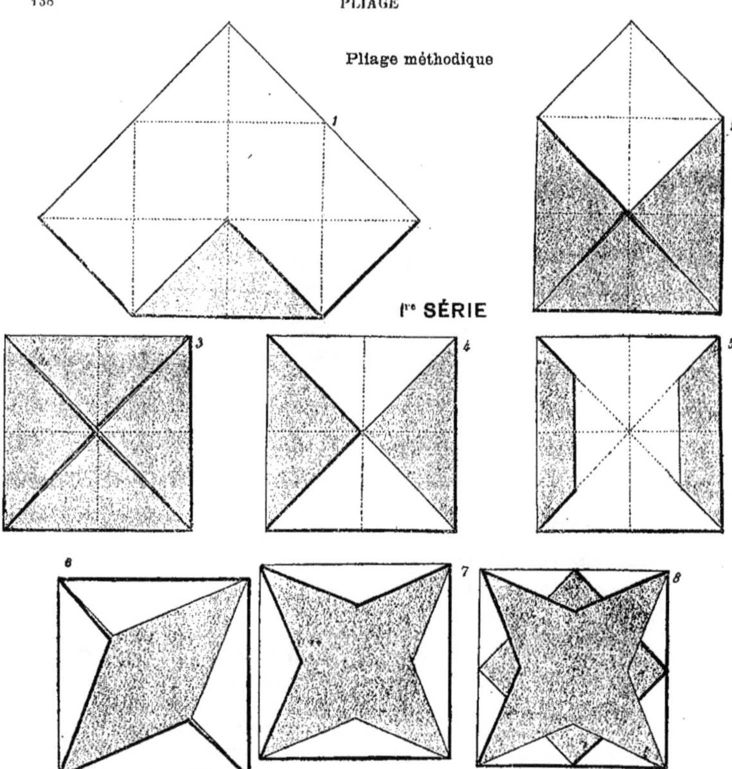

Le papier doit autant que possible être de *deux couleurs*. Nous figurons ici du papier blanc et gris ; mais, dans la pratique, le gris est terne et des nuances plus vives le remplacent avantageusement, surtout le rouge, le bleu, le vert, le brun, etc.

Ici, de 1 à 5, les *carrés sont posés sur la table sur la face grise*.

1. Rabattre un des angles vers le milieu.
2. Trois angles ont été repliés vers le milieu.
3. Replier successivement tous les angles en dessus vers le milieu.
4. Replier *en dessous* du carré les angles d'en haut et d'en bas, les autres comme au n° 3.
5. Replier *en dessous* d'eux-mêmes les pointes des triangles gris parallèlement aux côtés droit et gauche.

De 6 à 8. *Les carrés reposent sur leur face blanche.*

6. Refaire le n° 4 et replier tous les angles vers le milieu, puis replier en biais un des côtés de chacun *au-dessous* jusqu'au pli du bord.
7. Répéter 6 et replier les deux côtés de chaque triangle en biais en dessous.
8. Plier tous les angles vers le milieu, puis les rabattre sur eux-mêmes jusqu'aux bords du carré, comme au n° 9 de la page suivante, puis plier les côtés comme au n° 7.

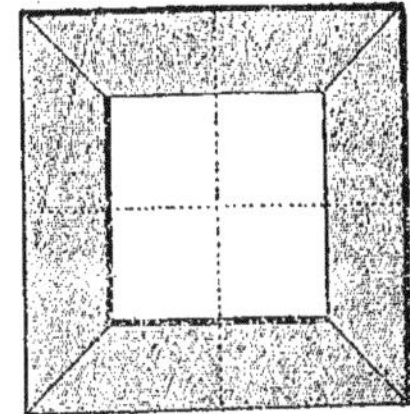

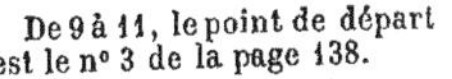

De 9 à 11, le point de départ est le n° 3 de la page 138.

9. Replier *en dessus* les angles vers les bords.

10. Replier *en dessous* chaque triangle jusqu'au milieu.

11. Reprendre le n° 9 et replier *en dessous* la moitié du triangle blanc.

12. Plier comme n° 11, mais *rabattre* le petit triangle vers le milieu.

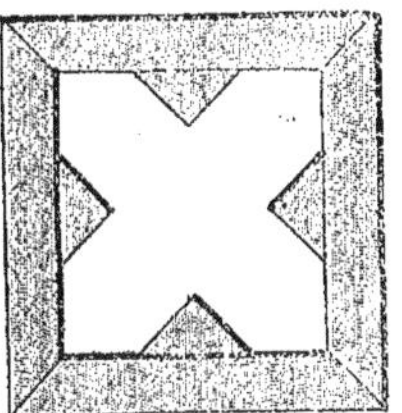

2ᵉ SÉRIE

13. Après avoir plié comme le n° 3, replier *en dessous* tous les angles extérieurs du grand carré gris, ce qui fait 4 petits. carrés entiers par-dessus, et 8 triangles par-dessous (13 et 13 *bis*).

C'est le point de départ des six modèles suivants.

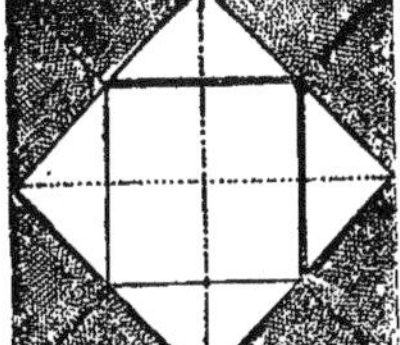

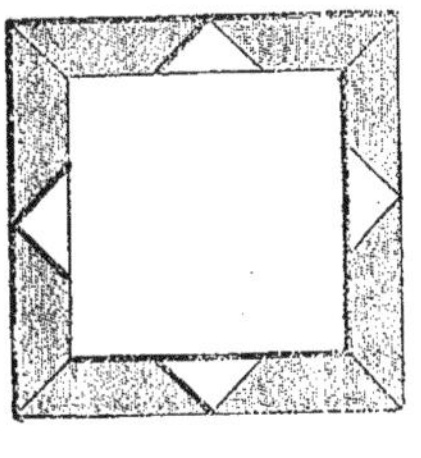

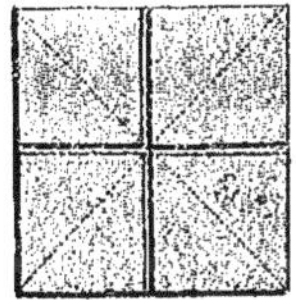

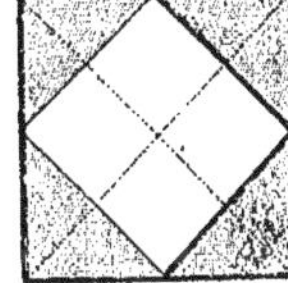

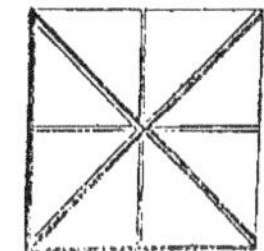

14. Les angles intérieurs sont rabattus *par-dessous*.

15. Même rabattement *en dessus*.

16. D'abord comme n° 15, puis la pointe des triangles est ramenée *par-dessous* le reste.

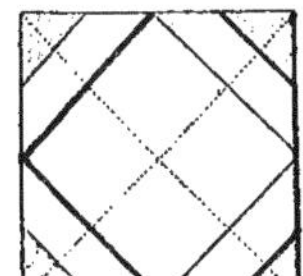

17. Comme 15 aussi, mais la pointe du triangle est ramenée *par-dessus*.

18 et 19. Même travail que pour 11 et 12.

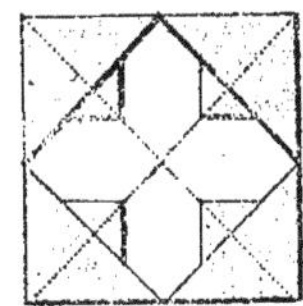

PLIAGES USUELS
Première série (simple)

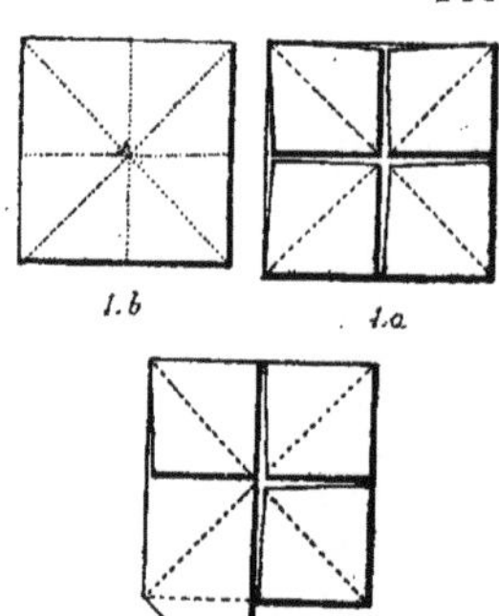

Remarquer que les deux faces *ne sont pas semblables;* l'une, *a*, présente quatre petits carrés avec des bords libres vers le milieu, nous l'appellerons *face supérieure;* l'autre, *b*, ne présente que des traces de plis formant triangles, nous l'appellerons *face inférieure*.

Ces figures sont obtenues en pliant d'abord comme le n° 13, page 139, puis on ouvre le papier et on ramène les triangles qu'on voit au 13 *bis* par-dessous les petits carrés entiers.

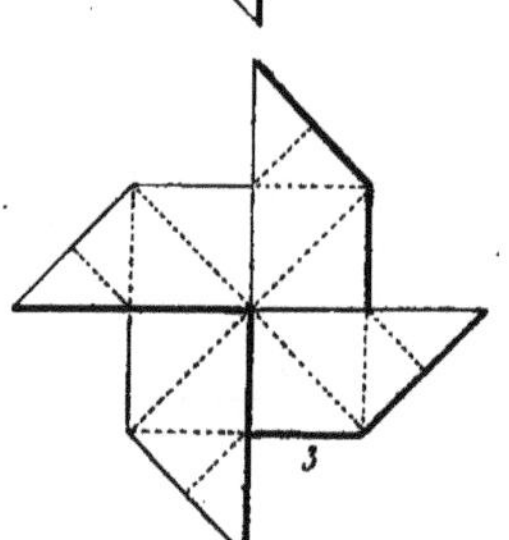

N° 2. Le Cerf-Volant. — Rabattre un des carrés de la face supérieure en le dépliant et le repliant en biais.

On obtient ainsi une première pointe qui forme la queue du cerf-volant.

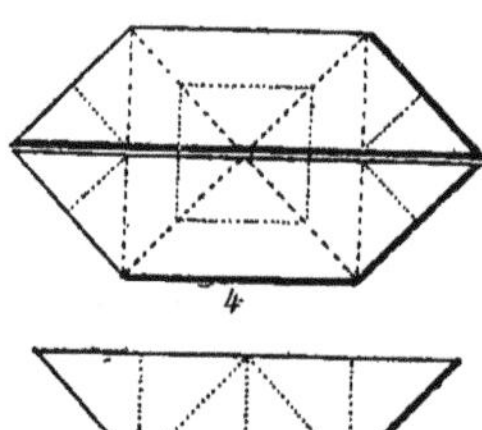

N° 3. Le Moulin à Vent. — Déplier les quatre carrés vers l'extérieur comme celui du n° 2. Ces quatre pointes forment les ailes du moulin.

N° 4. Le Porte-Cigares. — (Partir du Moulin à Vent.) Aplatir la pointe à droite en haut vers la pointe qui se trouve à droite. Remonter de même la pointe à gauche en bas vers la pointe à gauche.

N° 5. Le Double Bateau. — Plier le porte-cigares en deux par la médiane.

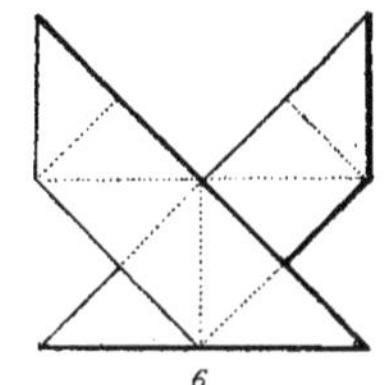

6

N° 6. Le Vase à Fleurs. — Plier le porte-cigares en deux par la diagonale du carré.

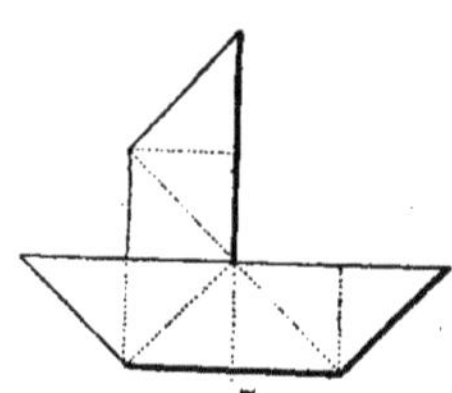

7

N° 7. Le Bateau avec une voile. — Relever la pointe formant la base du vase à fleurs à droite en bas, et l'amener dans une direction parallèle à celle de l'autre pointe.

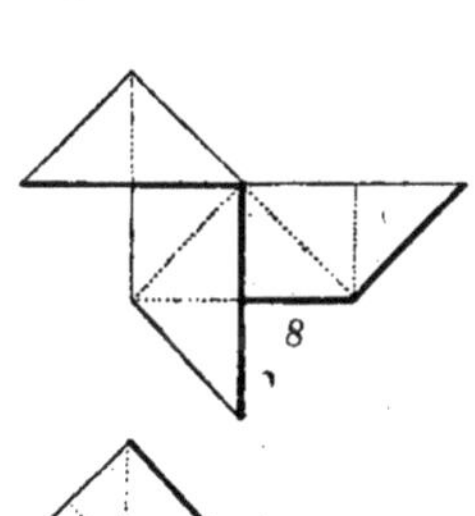

8

N° 8. La Cocotte. — Replier vers le bas les triangles qui terminent le bateau à gauche, ce qui fait les pattes, retourner l'extrémité de la voile suivant la ligne oblique ponctuée, ce qui fait la tête et la crête de la cocotte.

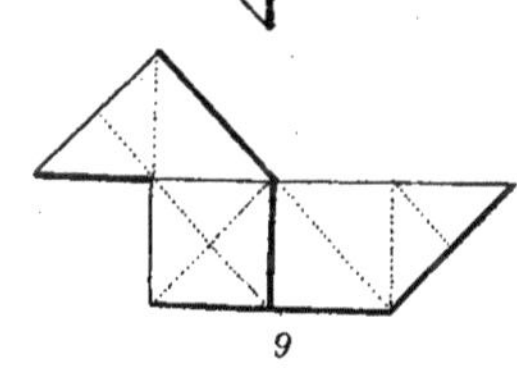

9

N° 9. Le Canard. — Replier *en dedans* et *par-dessous* les pattes de la cocotte.

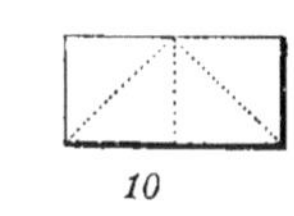

10

N° 10. Le Porte-Monnaie. — Refaire le double bateau et plier les extrémités *en dedans* à droite et à gauche.

Note. — Toutes ces indications ne deviennent claires que lorsqu'on a le papier à la main et qu'on le suit pli pour pli.

ÉVENTAILS

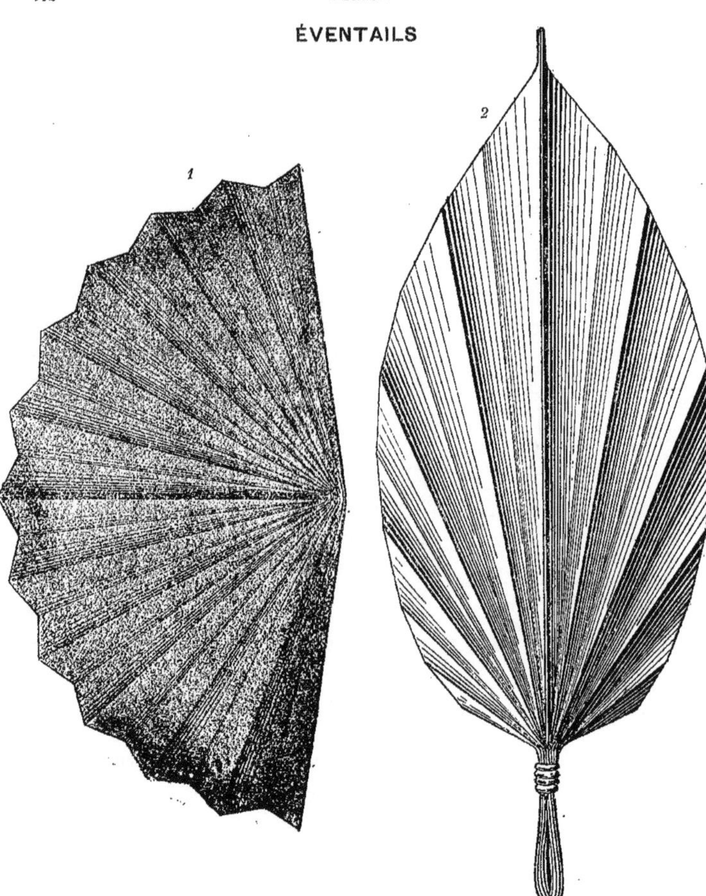

N° 1. **Éventail ordinaire.** — Carré de 15 centimètres, plissé en accordéon d'un bout à l'autre, replié ensuite par le milieu en épinglant ensemble les bords ainsi rapprochés.

N° 2. **Éventail feuille de palmier.** — Bande de 40 centimètres de long sur 15 de large; on rabat les deux angles d'en bas en fichu, et on les coupe; on plisse dans la longueur, on replie et on épingle comme au n° 1. En outre, on lie le bas à 2 ou 3 centimètres de hauteur pour faire une tige.

COQUELICOT

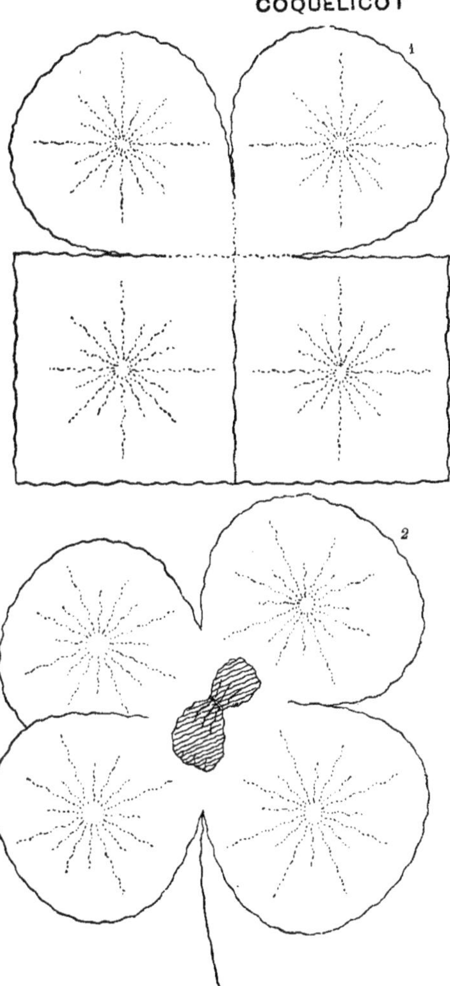

Point de départ : Un carré de 10 centimètres environ de papier à fleur rouge vif.

Plier ce carré en mouchoir de poche et déchirer en rond le côté où sont les quatre angles libres pour en faire les quatre pétales.

Appuyer fortement sur le milieu de chaque pétale avec un dé dans le creux de la main pour faire refermer le pétale sur lui-même.

On peut aussi chiffonner en roulant en boule dans la main.

Prendre un bout de fil d'archal, y assujettir un petit tampon de papier noir chiffonné ou d'étoffe noire effilée pour former le cœur du coquelicot, qui est très foncé.

Passer le fil d'archal au centre de la corolle, le tortiller un peu sur lui-même sous la corolle pour fixer celle-ci entre le tampon et le tortillon.

Ou bien passer au fil d'archal une gaine de caoutchouc, tige à fleur qui retiendra également la corolle en haut de la tige.

ROSES MIGNONNETTES MOUSSUES[1]

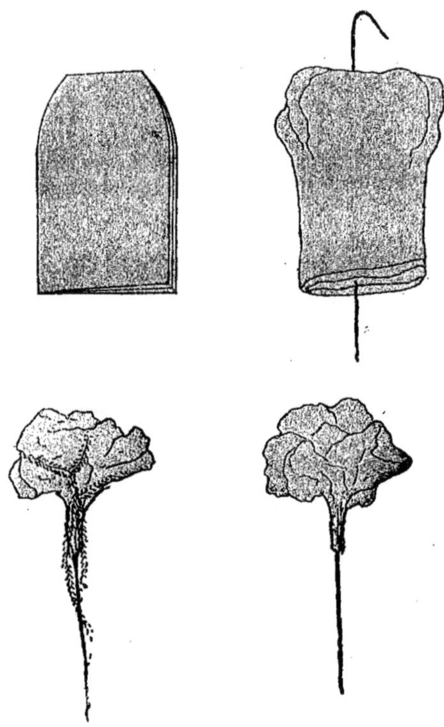

Point de départ : Une bande de 15 centimètres environ de longueur sur 5 de hauteur de papier à fleurs rose pâle, plier le papier sur lui-même comme au n° 1.

En arrondir les angles en haut, en les déchirant, plutôt qu'avec des ciseaux qui font les bords trop secs.

Déplier et enrouler sur le doigt.

Passer au milieu un fil d'archal dont la pointe est recourbée en crochet comme au n° 2.

Faire glisser le rouleau jusqu'en haut pour qu'il se chiffonne en étant serré au-dessous du crochet.

Serrer le bas autour de la tige comme le n° 3.

Attacher au fil ou au fil d'archal fin en posant comme au n° 4 quelques brins de mousse qui figurent à la fois le calice et ses barbelettes.

Plusieurs de ces fleurettes réunies donnent bien l'apparence d'un bouquet de roses mignonnettes.

---

1. Ces modèles et ceux de la page suivante ont été communiqués par Mᵐᵉ P..., directrice de l'école maternelle modèle de la rue Madame, à Paris.

BOUQUET ET BOURRICHE DE VIOLETTES

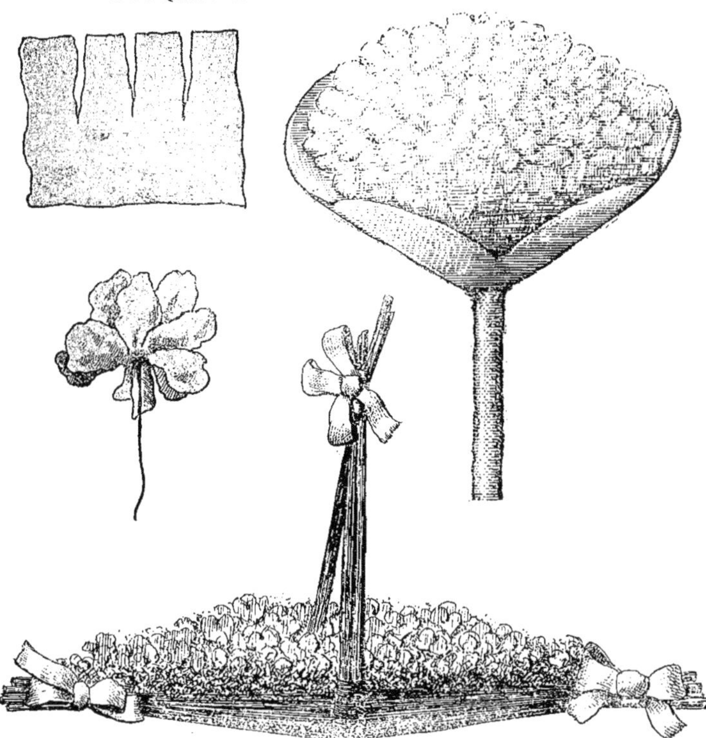

Point de départ : Bandelette de papier à fleurs (lilas foncé pour les violettes russes, lilas pâle pour les violettes de Parme), de 10 centimètres
environ, déchiquetée à peu près régulièrement d'un côté comme au modèle.

Rouler et introduire ensuite le fil d'archal, comme pour la rose ; pas de
mousse, mais un tortillon de fil d'archal sur lui-même pour retenir la fleur
au bout.

Réunir une vingtaine de ces fleurs et les introduire dans plusieurs plateaux
de papier vert foncé coupé comme le coquelicot, ce qui figure l'entourage
ordinaire des bouquets en feuilles de violettes ou de lierre.

Ces mêmes violettes peuvent servir à garnir une petite bourriche de paille.
comme ci-dessus. (Voir, pour l'exécution de la bourriche, p. 157.)

BOULE DE NEIGE

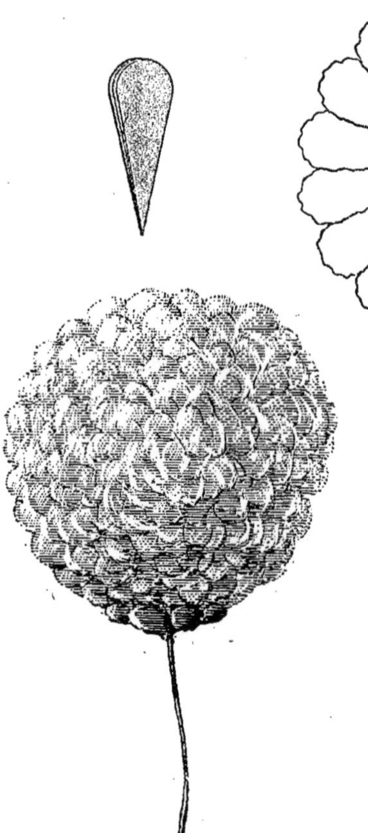

Point de départ : Le carré de 10 centimètres replié quatre fois sur lui-même, c'est-à-dire qu'après avoir plié en mouchoir, on plie le mouchoir sur lui-même en fichu, puis ce fichu sur lui-même, ce qui fait comme un fer de lance. On coupe en arrondissant comme numéro 1 pour qu'aucune pointe ne dépasse les autres.

On déplie en déchirant sur chaque pli tracé jusqu'à 1 centimètre du milieu.

Puis on tord sur eux-mêmes les petits pétales ainsi obtenus comme au numéro 2.

Quand on a de cette façon préparé une quinzaine de corolles semblables, on les enfile sur un fil d'archal muni d'un tortillon pour retenir le papier, on les serre par-dessous par un nouveau tortillon, ou on y enfile une gaine ; cela forme des boules très gracieuses rappelant selon la couleur et la dimension la boule de neige ou l'hortensia qui se prêtent à l'ornementation, soit comme guirlandes, soit comme bouquet ; on en fait aussi des chapeaux de lampes, le bouchon qui entre dans le verre étant caché dans la boule.

ŒILLETS

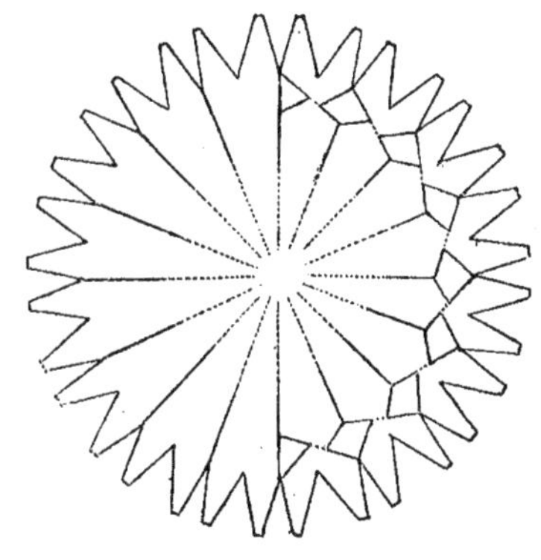

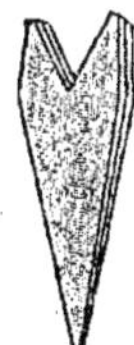

Avec les mêmes dimensions de papier et les mêmes plis, on peut faire des œillets en ayant soin de terminer les pétales par deux festons pointus au lieu d'un feston rond.

En outre, on n'emploie que 5 à 6 corolles par fleur pour ne pas produire une boule entière, mais seulement une demi-boule.

Comme couleur, se rapprocher le plus possible des nuances ordinaires des œillets.

(Si l'on voulait obtenir ces fleurs tachetées de rouge comme dans la nature, il suffirait d'y projeter quelques

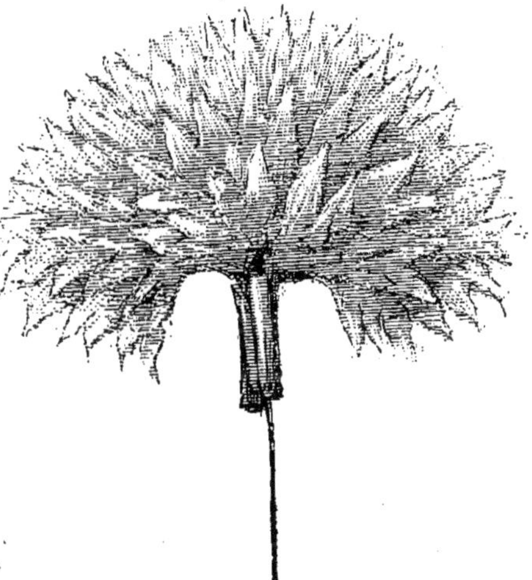

gouttelettes de carmin avec une brosse imbibée de couleur, et frottée légèrement sur les dents d'un peigne.)

LISERONS

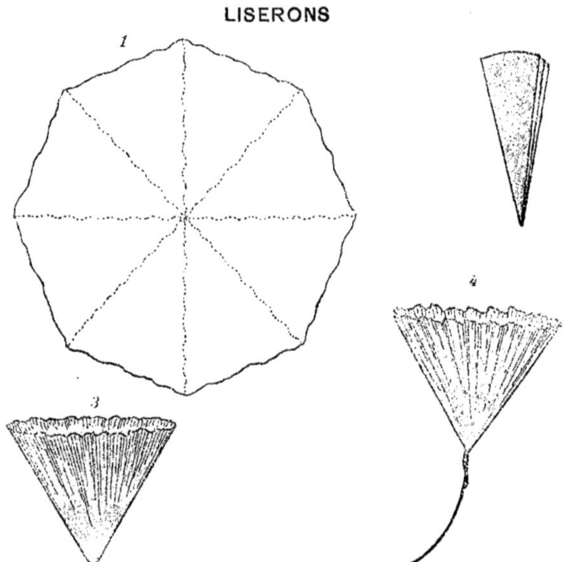

Liserons, papier à fleurs rose pâle.

Point de départ : Le carré replié comme il est dit aux boules de neige et coupé presque droit en haut ; puis on déplie et on replie un nombre infini de fois sans tenir aucun compte des plis précédents, c'est ce qui finit par donner au papier un aspect de très fin gaufré, qui rappelle les plis légers que porte la corolle du liseron quand elle s'épanouit.

On passe ici le fil d'archal de droite à gauche au bas de la corolle, on le roule une fois autour de lui-même pour le fixer, et voilà un liseron.

JONQUILLES

La confection des jonquilles se rapproche fort de celle des violettes (voir p. 155) : bandelette en papier jaune pâle de la même hauteur, mais de moitié moins longue et dentelée moins profondément (2 millimètres seulement) et à intervalles très rapprochés (2 millimètres), on roule sur le doigt et on introduit le fil d'archal, dont le bout a été entortillé et non pas recourbé en crochet comme aux fleurs précédentes ; au-dessous du tortillon, on serre et on attache d'un fil le bas du papier, ce qui fait un petit cornet fermé par en bas ; on enfile par l'autre extrémité de la tige trois languettes de papier jaune préparées comme suit : bandes de 1 centimètre de large sur 3 de long dont les deux bouts sont coupés en pointe ; la tige doit passer au milieu et ces languettes remontées jusqu'au-dessous du petit cornet figurent très bien la première collerette des jonquilles. On lie plusieurs fleurs en botte en ajoutant du papier vert foncé coupé en bandes étroites et longues comme le feuillage de la jonquille.

PAPILLONS

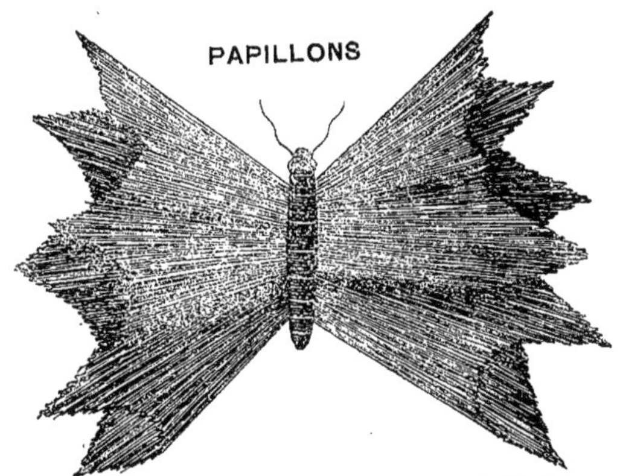

Les papillons, qui sont un charmant décor d'arbre de Noël, peuvent se faire de toutes les dimensions, plus grands ou plus petits que le modèle. Ils sont formés de deux parties, la chenille et les quatre ailes.

Pour la chenille, on prépare un petit rouleau de ouate que l'on recouvre de velours noir ou foncé que maintient un fil d'or ou de soie roulé autour et figurant les anneaux ; deux bouts de fil noir à la tête, deux perles ou deux épingles à tête de verre feront les yeux et les antennes.

Les ailes se font avec du papier à fleurs soit en une seule couleur, soit en deux, les ailes de dessous étant différentes de celles de dessus.

Pour chacune de ces quatre ailes, on coupera un rectangle de papier dont le grand côté aura un tiers en plus de longueur que le petit, soit comme au modèle à peu près 4 centimètres sur 6 pour les petites ailes et 6 sur 9 pour les grandes.

Supposons le rectangle ainsi coupé placé sur la table ; replier l'angle à droite en bas sur l'angle à gauche en haut, puis ramener les deux autres angles successivement par-dessus ceux-là.

On a alors comme un parapluie à demi fermé. On le prend par le fond d'une main tandis que de l'autre on le plisse, le passant entre les doigts de bas en haut à plusieurs reprises, et en déployant et en écartant les plis plusieurs fois jusqu'à un plissage très fin comme pour le liseron.

Quand les quatre ailes sont ainsi préparées, on dispose les grandes dessous, les petites dessus, deux à deux, et on les fixe à la chenille, par quelques points, en élargissant un peu les plis du bas de façon à donner l'apparence d'un papillon aux ailes étendues et à demi soulevées.

Dans les grands papillons, il sera nécessaire, pour donner du soutien aux ailes et pouvoir les écarter à volonté, d'introduire dans chacune ou tout au moins dans les plus grandes un fil de fer recourbé en fer à cheval dont l'arrondissement se fixera à la chenille et dont les points viendront aboutir aux sommets de deux angles opposés.

1. Modèle de l'Ecole maternelle de Pontarlier.

PIVOINE

Six carrés plus grands d'un tiers environ sont découpés comme ci-dessus ; deux d'entre eux sont laissés tels quels ; pour les autres, chaque pétale est replié par le milieu autour d'une aiguille à tricoter, et l'on resserre le pétale sur lui-même de façon que son bord rejoigne le commencement du pointillé ; cela produit un chiffonnage transversal. Quand on a enfilé, comme il est indiqué aux boules de neige, les quatre corolles ainsi préparées avec les deux premières par-dessous, l'effet général rappelle celui des pivoines.

Faites plus grandes encore, ces fleurs peuvent être montées en abat-jour à bougies ou en écran, ce qui est aussi le cas pour les papillons précédemment indiqués lorsqu'on leur donne des dimensions suffisantes.

DIVERS

DIVERS

TRICOT ET CROCHET

Les derniers conseils d'un livre de travaux enfantins ne sauraient manquer d'être consacrés à deux genres de travaux, **tricot** et **crochet**, trop connus pour nécessiter de longues descriptions, mais aussi trop négligés à l'école maternelle, sans doute parce qu'ils y furent l'occasion d'*accidents* et d'*abus*.

Il y eut des *accidents* parce que les outils employés n'étaient nullement adaptés à l'adresse des enfants qui les maniaient : les longues baguettes en acier qui sont les aiguilles et les crochets ordinaires étaient bien propres à blesser les enfants dans leurs mouvements gauches ou brusques.

Il y eut des *abus* parce que, d'une part, ces tricotages et crochetages étaient des travaux de longue haleine et monotones qui rendaient rare l'intervention de la maî-tresse et lui faisaient de vrais loisirs ; d'autre part, ces travaux avaient pour résultat ordinaire des vêtements, bas, châles, etc., que les familles appréciaient vivement et dont elles encourageaient outre mesure la confection.

Mais ces ouvrages qui mettaient des mois à se faire, d'une maille toujours la même, lassaient les enfants par leur lenteur et leur uniformité... Faut-il donc pourtant y revenir ?

Oui, certes, car seule une grande habitude les rend faciles et rapides, et cette rapidité est la condition indispensable pour qu'ils aient de l'attrait ; — or, il faut songer à l'avenir, et le tricot et le crochet, qui se prêtent si aisément à produire des pièces de vêtements utiles ou gracieuses, sont souvent la meilleure utilisation des « moments perdus » de la femme.

Donc, à moments perdus, on fait bien des mailles quand on est « habile », — et alors ces moments, loin d'être perdus, sont doublement... sauvés, si l'on peut ainsi dire ; car ils ont été soustraits aux mauvaises insinuations de l'oisiveté et ils laissent derrière eux un objet personnellement utile pour la femme ou plus souvent un chaud petit vêtement d'enfant. — C'est pourquoi il faut, dans les écoles maternelles, *revenir* au tricot et au crochet, mais *prendre certaines précautions*.

Tout d'abord les outils, crochets et aiguilles, ne *doivent pas être ténus et minces* comme par le passé, mais au contraire **assez épais** pour offrir aisément prise à l'enfant sans lui faire trop recroqueviller les doigts, et pour former de larges mailles faciles à saisir et produisant, grâce à leur ampleur, un résultat rapide.

Il faut, en outre, que les crochets et les aiguilles soient *légers* et *souples* quoique résistants. Toutes ces qualités sont réunies par les aiguilles et crochets de bois, d'os, de celluloïd, etc., de la *grosseur d'un crayon* environ (les crayons même peuvent être taillés de façon à servir d'aiguilles).

Enfin, il faut *varier* les exercices et les graduer. Le crochet ordinaire étant de beaucoup plus facile que le tricot, parce que chaque maille est presque indépendante des autres, c'est par là qu'il sera bon de commencer; tout simplement d'abord des *chaînettes*, tantôt en coton, tantôt en laine ou ficelle, etc., que l'on défait jusqu'à ce que le travail soit bien régulier.

Puis on reviendra sur cette chaînette pour y établir, toujours avec la même maille, le réseau du **filet à pêche**.

Ensuite viendront les **mailles colonnes** de diverses hauteurs (en commençant par les plus basses qui sont les plus faciles), et avec lesquelles on combinera des dessins simples par la répétition des mêmes éléments. — Enfin, on arrivera peut-être au **crochet tunisien** et aux **mailles de fantaisie**.

Le plus tôt possible, on *alternera* les exercices du tricot avec ceux du crochet en les graduant et les variant non moins soigneusement :

1° Tricotage **toujours à l'endroit**, ce qui produit *le tissu dit de jarretière;*

2° Tricotage **tout à l'envers**, ce qui donne aussi *la jarretière ;*

3° Une **aiguillée à l'endroit** pour **une à l'envers**, ce qui fait tout un côté à l'endroit, tout l'autre à l'envers ;

4° Un **certain nombre d'aiguillées** à l'endroit de suite et **autant à l'envers**, ce qui fait comme un tissu tuyauté en largeur ;

5° Ce même tuyautage en **longueur**, ce qui se produit en tricotant indéfiniment comme la côte d'un bas ;

6° Le damier formé par **des carrés à l'envers** alternant avec d'autres à **l'endroit**, etc., etc.

Les combinaisons peuvent se multiplier et se compliquer par l'introduction des *augmentations* et *diminutions* d'où résultent les *jours*.

Tous ces travaux se prêtent à des utilisations diverses : les simples chaînettes **très longues** tressées à trois ou quatre brins font des *guides* solides et commodes, des *embrasses de rideaux*, des *cordons de sonnettes*.

Avec un plus grand nombre de chaînettes lâches, ou plusieurs tresses de nouveau tressées entre elles, on obtient des bandes assez épaisses pour former de chauds *cache-nez ;* il en est de même avec plusieurs jarretières tressées ensemble.

Quant aux simples bandes de diverses largeurs que, soit au crochet, soit au tricot, on exécutera de préférence à des ouvrages de forme compliquée, voici quelques emplois à en faire :

Bandes de 3 à 4 centimètres de largeur. — **Bretelles** pour garçonnets, et **Tirebas** pour fillettes[1].

Bandes de 5 à 10 centimètres. — **Poignets** : Faire les bandes de 10 à 15 centimètres de longueur et ajouter les bouts l'un à l'autre.

Bandes de 10 à 15 centimètres. — **Brise-bise** : Faire quatre bandes chacune

---

1. On sait qu'au point de vue hygiénique il faut préférer à tout autre un système de bretelles retombantes adaptées aux corsages de dessous des fillettes et se fixant aux bas pour les tenir tendus.

longue comme une demi-fenêtre ; réunir ces bandes deux à deux l'une sur l'autre pour former un long fourreau, dans lequel on introduit une couche d'ouate, de la laine non filée, des effilures, etc. ; fermer chaque extrémité et fixer solidement ces bandes au bas des fenêtres devant les rainures qu'il y a toujours entre le cadre et les battants de la fenêtre.

Cache-nez : Faire deux bandes d'environ 1 mètre de long, les réunir comme ci-dessus, en fourreau, et fermer les bouts par des glands.

Bandes de 15 à 20 centimètres. — **Capuchon d'enfant :** Faire une bande de 45 à 50 centimètres de long, la replier au milieu en longueur, et en partant du milieu coudre ensemble les bords d'un côté sur une longueur de 15 à 20 centimètres. Cela forme un petit bonnet pointu, auquel on adapte un cordon de chaînette pour le serrer autour du visage et du cou.

Bandes de 20 à 25 centimètres. — **Manchon :** Faire deux bandes longues d'environ 30 centimètres, les ajouter en fourreau comme les brise-bise et les rembourer bien chaudement. Réunir alors ensemble les deux bouts ouverts, ce qui forme comme un gros cocon, justement propre à abriter et à réchauffer des menottes d'enfant.

Enfin, on fait de très jolis **Jupons** en ajoutant un nombre plus ou moins grand de bandes plus ou moins longues, selon la taille de la personne à laquelle ce vêtement est destiné.

Comme on voit, aucun ouvrage compliqué, les bas, en particulier, ne figurent pas dans cette énumération. Tout travail de trop longue haleine et trop difficile à mener à bien est à dessein écarté pour retenir seulement ceux qui, par leur exécution prompte et aisée, peuvent être un plaisir pour les enfants et attirer les fillettes aux travaux manuels.

*
* *

Aux occupations énumérées jusqu'ici qui comportent une série d'exercices gradués, il convient d'ajouter un grand nombre de **travaux accidentels,** pour ainsi dire, c'est-à-dire qui naissent d'une occasion, d'une fantaisie ingénieuse et qui s'exécutent d'un coup, sans étude préalable — pourvu toutefois que les ouvriers soient adroits ; or cette adresse, ce sont les exercices manuels méthodiques qui la développent ; de là leur nécessité quand même on aurait plus de penchant pour les travaux de pure fantaisie. — Il faut donc faire à chacun sa place.

Citons-en quelques-uns pour mémoire — car c'est là, espérons-nous, que l'imagination et la bonne volonté des amies des enfants se donneront libre carrière.

ENCORE LE PAPIER

Avant de quitter le papier, citons : **Les chaînes à « la bonne femme »,** dont les anneaux en papier de couleur font une décoration des plus gaies.

Il y a pour les faire deux manières où la colle est inutile.

Premier procédé : Prendre une bande de 5 centimètres environ sur 15-20 ; la plier dans sa longueur, et replier encore l'un des bouts sur lui-même à 3 centimètres du bord ; fendre 1 centimètre de long au milieu de quatre doubles de papier parallèlement aux grands côtés.

A l'autre bout qui n'est que doublé, fendre de 1 centimètre et demi, en partant des grands bords (parallèlement au petit côté).

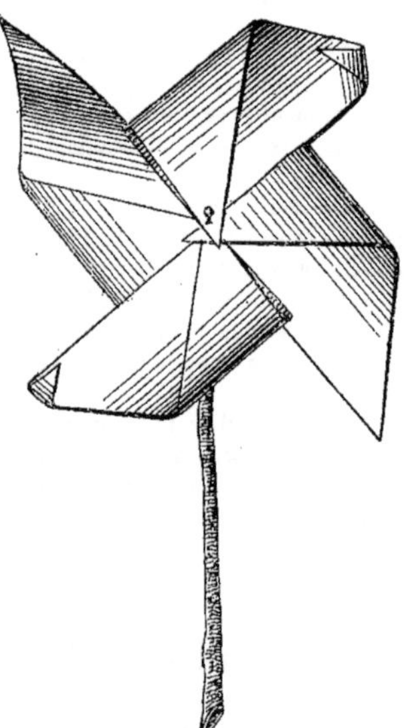

Ouvrir la bande et introduire les deux languettes préparées d'un côté dans les deux boutonnières préparées de l'autre.

Deuxième procédé : Quand la bande est pliée dans sa longueur, déchirer 1 centimètre de long, parallèlement au petit côté en partant du pli ; ce qui fait une seule boutonnière où l'on fait entrer les languettes ; préparer l'autre bout comme précédemment, après les avoir repliées comme des volets sur la partie qui tient au reste du papier. — Ce bout de papier qui est triple est rouvert lorsqu'il a passé dans la boutonnière et les volets déployés retiennent solidement l'anneau.

Au fur et à mesure, on formera la chaîne en passant la bande du dernier anneau dans le précédent avant de fermer le petit mécanisme.

Encore en papier sont **les ailes du moulin à vent** ci-contre, dont les plis et déchirures se comprennent par la seule gravure.

Enfin voici des déchirages bien connus : les bobèches à bougies, les **manchettes** à gigots et côtelettes, pour lesquelles on prend des bandes de 12 à 15 centimètres, sur trois ou quatre fois la même longueur ; on plie en deux dans la longueur et du côté où est ce pli, on fait déchirer jusqu'à mi-hauteur comme les mouchets d'une frange ; puis on ouvre la bande ; on la replie *du côté opposé* et on la roule sur le doigt du côté qui n'est pas déchiré. Alors les déchirures s'épanouissent comme les pétales d'une reine-marguerite.

Papillotes-attrape. — Prendre un rectangle de 10 centimètres sur 15, le déchirer comme précédemment sur les deux plus petits côtés, puis placer dans le milieu un caillou, un marron d'Inde, ou tout autre petit objet, et l'y rouler comme les bonbons dans une papillote.

TOILETTES DE POUPÉES[1]

Découper les personnages un peu grands et debout des catalogues de nouveautés, les coller sur papier fort ou carton léger et faire tendre de la laine de couleur sur les

1. D'après Mᵐᵉ V..., directrice de l'Ecole maternelle de Saumur.

vêtements de chaque personnage : ainsi une dame sera parée d'un corsage bleu, d'une jupe rose, d'un chapeau brun, etc.

OBJETS EN COCONS

Dans les pays d'élevage de vers à soie, les **cocons** fournissent les éléments de quantité d'objets usuels en miniature — seulement il faut des ciseaux. Ainsi on peut représenter un vase à fleurs ou un verre à pied, en coupant comme on casse un œuf à la coque et en fixant, avec un point ou de la colle, le petit chapeau enlevé au-dessous du reste.

On obtient le *berceau Moïse*, en coupant au contraire dans la longueur une partie du cocon de façon à réserver à l'un des bouts la petite capote qui fait abri pour la tête et à laquelle on peut fixer de minuscules rideaux. Ce berceau, placé sur roues de carton ou de bouchon maintenues par des épingles, devient une voiture minuscule qu'un fil permet de traîner.

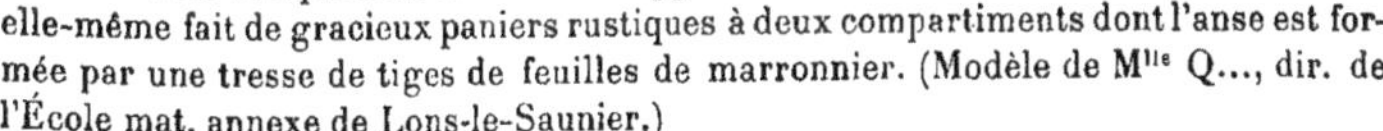

Charmants aussi sont les *tasses*, les *paniers* à anses, plats ou longs selon le sens dans lequel on entaille le cocon; les débris de ces entailles servent si l'on veut à former un petit pied sous les paniers pour qu'ils se tiennent bien dressés.

NOIX[1], GLANDS ET MARRONS D'INDE

Les glands et les **marrons d'Inde** adroitement vidés se prêtent à peu près aux mêmes petits ouvrages. Malheureusement ils se déforment en séchant; mais on en est quitte pour recommencer chaque année. — L'enveloppe des marrons d'Inde elle-même fait de gracieux paniers rustiques à deux compartiments dont l'anse est formée par une tresse de tiges de feuilles de marronnier. (Modèle de Mlle Q..., dir. de l'École mat. annexe de Lons-le-Saunier.)

BOURRICHES A VIOLETTES

On prépare une douzaine de pailles de mêmes longueurs; puis deux enfants placés l'un vis-à-vis de l'autre tiennent tendus entre eux avec leurs dents deux de ces brins autour desquels, vers le milieu, un des enfants croise à petites distances huit à dix autres brins de paille : c'est-à-dire qu'il les place autour des brins tendus, et au fur et à mesure son vis-à-vis reçoit ces brins et les tient aussi tendus de sa main droite à la gauche. Tous ces brins ayant été ainsi disposés, on lie fortement ensemble à droite et à gauche le bout des brins croisés; ce sont les extrémités de la bourriche, puis les enfants réunissent les brins qu'ils avaient dans la bouche et les attachent ensemble pour faire l'anse de la bourriche.

---

1. Voir pour gravures : *Cassons les noix* dans le recueil illustré : Pour faire chanter nos petits.

TABLE DES MATIÈRES

TOURS, IMPRIMERIE DESLIS FRÈRES ET Cie, RUE GAMBETTA, 6.

www.ingramcontent.com/pod-product-compliance
Ingram Content Group UK Ltd.
Pitfield, Milton Keynes, MK11 3LW, UK
UKHW022349090726
13658UKWH00002B/560